historia

En homenaje a Fray Bartolomé de las Casas en el quinto centenario de su nacimiento:

* Fray Ramón Pané: *"Relación acerca de las antigüedades de los indios": el primer tratadò escrito en América* (nueva versión, con notas y apéndices, por José Juan Arrom)

* Juan Friede: *Bartolomé de las Casas, precursor del anticolonialismo. Su lucha y su derrota*

* Jaime Wheelock Román: *Raíces indígenas de la lucha anticolonialista en Nicaragua*

* Josefina Oliva de Coll: *La resistencia indígena ante la Conquista*

* Víctor Daniel Bonilla: *Siervos de Dios y amos de indios*

RAÍCES INDÍGENAS
de la
LUCHA ANTICOLONIALISTA EN NICARAGUA

de Gil González a Joaquín Zavala
(1523 a 1881)

por
JAIME WHEELOCK ROMÁN

siglo veintiuno editores, sa
CERRO DEL AGUA 248 MÉXICO 20 D F

siglo veintiuno de españa editores, sa
EMILIO RUBÍN 7 MADRID 33 ESPAÑA

siglo veintiuno argentina editores, sa
Av PERÚ 952 BS AS ARGENTINA

edición al cuidado de martí soler
portada de richard harte

primera edición en español, 1974
segunda edición en español, 1976

impreso y hecho en méxico
printed and made in mexico

ÍNDICE

INTRODUCCIÓN

Para el escritor burgués nicaragüense, "la nueva historia indo-hispana . . .comienza por un diálogo: la conversación entre el cacique Nicaragua y el conquistador Gil González Dávila en 1531" [12, p. 20].[1] Por el contrario, en este trabajo intentamos demostrar que esa historia dio comienzo con una encarnizada lucha del indio contra el colonialista español mantenida luego —lejos de cualquier diálogo— durante los tres siglos que duró la dominación peninsular.

En Nicaragua, constituye una herejía mencionar la existencia de luchas en el período correspondiente al colonialismo español. Casi todos los intérpretes de ese período han tendido un velo mistificador sobre los sucesos que comprende la resistencia aborigen y que a la larga ha deformado el carácter sangriento, tenaz y continuado de la lucha armada contra el invasor español.

Esta tendencia se ha visto acentuada por el hecho de que la mayor parte de nuestros historiadores —con honrosas excepciones— se situaran del lado colonialista; o si se quiere porque fuesen ellos mismos, en cierto modo, receptores de la herencia colonial con todo lo que ella arrastra, incluidos los privilegios señoriales sobre la tierra y otro tanto sobre la fuerza de trabajo que la hizo rentable. Llega a ser impresionante —por

[1] En realidad la fecha corresponde más bien a 1523, primeros meses.

la adusta seriedad con que se avala— la versión que pretende ofrecer una imagen acabada sobre la historia de Nicaragua y, en especial, sobre el carácter pacífico y casi consentido de la dominación colonialista española. No es la hora de enjuiciar a España. Los españoles se retiraron de la escena nicaragüense y quedaron los que harían fructificar el privilegio territorial y legitimar la diferenciación social entre poseedores y siervos; los que se encargarían de asegurar, asimismo, en la cultura, la reproducción de este dislocamiento social entre clases, poniendo de su parte a la historia —parcializándola— para deformarla por lo tanto. La necesidad de construir una ideología para justificar la apropiación de tierra, trabajo y por consiguiente de poder ha levantado en nuestro país una suerte de "cultura del colonizado" que se caracteriza en lo fundamental por afirmar y extender en su beneficio varios prejuicios históricos:

a] *La "herencia colonial".* Bajo la guía de un aparato de valores puramente formalistas, como "espiritualidad", "universalidad de lo hispano", "trascendencia del legado español", etc., se pretende hacer del colonialismo una etapa efectivamente forjadora y parte sustancial de la formación nacional y social:

No se puede negar que hay en la *gesta* española un profundo fundamento espiritual que la caracteriza y distingue de las demás empresas colonizadoras [44, p. 11].

Como consecuencia de este proceso de inversión-deformación, aparecemos los nicaragüenses como "hijos" de la "madre patria", nexo que en la práctica encubre la naturaleza violenta, brutal y sustancialmente lucrativa de todo dominio colonialista. Fácilmente se puede concebir, bajo este criterio, al proceso de independencia como "un parto sin dolor", como una condición libertaria preparada por la misma madre, cuando el "ave pudo sostenerse con sus propias alas".

No sería una suspicacia —en Nicaragua— pensar que con esta tesis toda herencia colonial "con contenido espiritual" podría llegar a ser envidiable. Por razones obvias, al imperialismo norteamericano le interesa la difusión de estas expresiones acogedoras y qué mejor si son *los propios criollos* quienes se encargan de divulgarlas o repetirlas: En 1945, Pedro Henríquez Ureña publicó, para el estudioso norteamericano, un libro que luego sería conocido con el nombre de *Las corrientes literarias en la América hispánica;* en él se encuentran pensamientos simpáticos para con el proceso colonialista:

> A pesar de los males de que ninguna conquista está exenta, tuvo [la de América] una calidad humana única... por muchos que hayan sido sus errores, la España del siglo XVI merece el nombre que le ha dado Karl Vossler de mentora de la ética entre las naciones europeas [28].

Naturalmente, el texto ya traducido tuvo una inmensa difusión.

b] *Mistificación de la clase dominante colonial.* Las guerras de Conquista, la caza de esclavos para el comercio negrero, las infinitas bestialidades que cubrieron de horror a las poblaciones indígenas que resistían la reducción, el trabajo forzoso, las exacciones y tributos, aparecen recreadas como la "acción heroica" de pioneros, "valerosos, hidalgos capitanes" que en un esfuerzo prodigioso acometieron la aventura apasionante de conquistar la América india y "hacerla caer a sus pies". A menudo se figuran una América indígena encarnada en el deseo de arrojarse loca de amor sobre el gallardo y altivo conquistador.

Otra variante de la mistificación de la clase dominante colonial estriba en considerársela esforzada, pobre, compartiendo una existencia dura junto al indio trabajador con quien se identifica por el lazo de la adversidad y la estrechez. En el fondo hace aparecer el privilegio colonialista como no rentable. Algo similar protestan las empresas mineras norteamericanas en Nicaragua de estos últimos años:

> Los hacendados [encomenderos, siglo XVI] en Nicaragua, eran más bien pobres que ricos... Durante la Colonia... la familia del hacendado no solía guardar más distancia con la de sus colonos [10, pp. 19-20]

c] *Desvalorización del indio.* A lo anterior sigue la contrapartida de configurar al indio como el actor abyecto del proceso colonialista. Partiendo de una imagen increíblemente falsa acerca de su "atraso cultural", se le sigue un proceso que le irá sumando a lo largo de la Colonia el baldón de borracho, haragán, estúpido, idólatra y supersticioso, desconfiado, ladrón, sodomita, etc. La clase colonial no puede reconocer ninguna cualidad al verdadero soporte de la sociedad, al creador material de toda su riqueza. Hacerlo sería desautorizar su propia presencia supuestamente rectora y reformadora del aborigen y descubrirse también como la verdadera clase parasitaria, ociosa y explotadora. Sin embargo, legará esta imagen deformada del indio que otros explotadores "herederos" del acervo colonial recogerán luego para seguir sirviéndose de un indio "incapaz" de producir como no sea orientado por el brazo civilizador del empresario oligarca; porque ahora:

> El nicaragüense es un tipo imaginativo, fantasioso, que con mucha frecuencia llega a la extravagancia barroca o a la fanfarronería... [12, p. 31].

> ...y en cada región hay un héroe fantasioso de la exageración y la mentira... Basta un poco de licor o cualquier agitación de los sentimientos para que "la facilidad de palabra" se salga de madre [12, p. 32].

> ...un desenraizado, vagabundo y poco tradicionalista [12, p. 33].

> El nicaragüense es el ¡"yo-qué-pierdo"! [12, p. 77].

Y así una lista interminable de calificativos configurando a un ser más o menos abominable que pide a gritos o la mano de "un hombre fuerte" o la intervención de un soplo civilizador y ejemplar si no.

d] *El mito de "la paz colonial"*. Como quiera que el período colonial fue sostenido con el pulso de la fuerza militar, la explotación del indígena aparece como un hecho fluido y también irrestricto. El sistema de privilegios formó una clase colonial "de goce"; no preocupada más que en asegurar los canales ideológico-políticos que dirigían la producción material hasta las puertas de su señorío. El colonialismo o la "colonia" viene a ser de este modo una "Edad de oro" oligárquica a la cual se recuerda —y esto puede comprobarse en cualquier mensaje del ideólogo burgués, sea histórico, literario, político, religioso, etc.— con un fuerte sabor melancólico:

> Hay que contrastar, por ejemplo, lo que dicen los cronistas y viajeros de los primeros siglos, que llamaban a Nicaragua "El Paraíso de Mahoma" (o que alababan "la belleza de las casas de Granada" como Tomás Gage) con lo que narran los viajeros que recorren Nicaragua en el siglo XIX después de la Guerra Nacional. Entonces la sobriedad aparece como un cilicio de ruinas y destrucción [12, p. 43].

Al iniciarse el período de independencia, se entabla en Nicaragua una lucha a través de la cual se cuestiona la institucionalidad colonialista y pretende derribar los privilegios encomenderos y esclavistas, los títulos nobiliarios y, por lo tanto, poner en peligro la continuidad de la "herencia colonial". Esta lucha se prolongará en ciclos de guerras sucesivas que extenderán el conflicto de poder por más de cien años; hasta que el peso de la intervención armada imperialista de 1912 inclina la balanza resueltamente en favor de los aristocráticos, que encuentran de nuevo los pasos perdidos de su paz colonial.

La tesis de fondo de la ideología aristocrática, en Nicaragua, pretende hacer creer que fue la independencia la gestora de guerras tan prolongadas como devastadoras y por lo tanto lo insensato de separarse sin una arraigada madurez de la "madre patria". El período independentista es calificado por el lenguaje conceptual burgués (y pequeñoburgués) —así como el que siguió a la ruptura colonialista— como período de *"la anarquía"* aludiendo subliminalmente la ausencia de la férrea autocracia militarista española. Los "patres" encomenderos fueron efectivamente amenazados por las sublevaciones y luchas populares "anárquicas" que se dirigían a remover el entorno colonialista; a sustraer a la "oligarquía-de-goce" de aquella tranquilidad abrigada por un aura conventual levantada sobre las murallas inescalables de la violencia y el terror institucionalizados con el que pudieron mantener atenazada a la fuerza trabajadora indígena. Aun con ello, es un error histórico monumental afirmar que fuera la etapa colonial un período de efectiva paz:

> De infinidad de cosas se acusa a la colonia, menos de producir guerras civiles... [10, p. 19].

Naturalmente que no fue la clase dominante colonial la que luchó contra sí misma. En este sentido sólo puede reprochársela de intrigante, aspecto éste que podría clasificarse como del ramo, digamos, diplomático del colonialismo español antes que del militar. Este trabajo pretende demostrar la continuidad de la resistencia armada indígena y los brotes insurreccionales que tuvieron lugar a lo largo del período colonialista. Que se tenga de la Colonia recuerdos de mejores tiempos, es muy distinto a extenderle una supuesta armonía que la deja casi como un modelo de sistema político y administrativo, en deterioro además de la estricta verdad histórica que por todas partes, menos en la mente del burgués, afirma lo contrario. El colonialismo español en Nicaragua no tuvo un momento de paz.

e] *Conciliación de clases: "el mestizaje".* Este mito ha venido a desempeñar la función de "cemento" de los otros mitos y prejuicios que hemos apuntado. Quizá sea el más generalizado entre los escritores burgueses de Nicaragua y de América Latina en general.

> Contra el hispanismo jactancioso y contra el indigenismo que querría volver a la prehistoria, la síntesis de América es la definitiva conciliación mestiza. El mestizaje americano consiste en mucho más que mezclar sangres y razas; es unificar en el *templo histórico* esas disonancias de condición, de formas... en que se desenvolvió nuestro antagonismo [45, p. 50].

Párrafos que corresponden a otra serie de conferencias dictadas en círculos intelectuales de los Estados Unidos, pronunciadas por Mariano Picón Salas y luego traducidas y difundidas ampliamente en América Latina.

Causa extrañeza que una misma clase dominante tenga tan diferentes concepciones acerca del aborigen y su papel en la sociedad. Porque es bien sabido que el colonialismo español aplicó una política segregacionista con el objeto de evitar que el mestizaje fuera la respuesta del indio para escapar del régimen de tributación, encomienda, servicio personal obligatorio, etc. Prohibían el acceso de mestizos, zambos y blancos a los pueblos de indios, mantenían a éstos aislados y vigilados y los hijos mestizos eran separados de sus madres. Sin embargo, el "mestizaje" se pone de moda ulteriormente a modo de tesis de estructuración nacional y social, escondiendo tras su tono abiertamente conciliatorio todo el módulo justificador de las nuevas formas de explotación que redefinieron los continuadores del colonialismo, tras la independencia de España. Propone que, después de todo, la Colonia nos legó su "sangre y espíritu"; que ahora (después de todo) somos hermanos vinculados no solamente por un lazo sanguíneo homogéneo, sino por el destino común y no menos hermoso de levantar Nicaragua. Ya lograda la difícil traslapadura de la sangre y de la "unidad cultural", sólo queda la tarea de esforzarnos en la empresa constructiva de la nacionalidad. Lo que no se dice nunca es el papel y el lugar que tocará a cada uno en este plan constructivo; cuando más queda sólo sugerido.

> Se puede decir que la esencia mestiza de este país está representada por este triple símbolo: Un corro de campesinos, una guitarra y una cocina [10, p. 21].

Naturalmente que el burgués se coloca fuera. Él es el maestro de obras, el ingeniero del mestizaje y no su protagonista. Y para su discurso ideológico aparecemos como una suerte de asociación folklórica y de ninguna manera, ¡no!, basada en la explotación de unos por otros. A la sociedad de clases se opone la imagen vernácula de un conjunto de nicaragüenses trovadores, dicharacheros, comelones a quienes sólo les falta seguir recibiendo cada vez más disparatados sustantivos, para ver si se logra captar al vuelo esa su "esencia mestiza" y rescatarla para la luz de ese caos sin oriente ni plan y por supuesto lejano a cualquier orden impuesto por grupos dominantes. Para el burgués, aun los efectos de la cruda explotación del indígena y más acá, del campesino y asalariado nicaragüense, reviste las formas del más exquisito folklore, de la más genuina "esencia mestiza":

> ...nuestro típico rancho o choza de paja –que es la habitación del noventa por ciento de nuestra población campesina–, no cabe duda de que su morador actual no intenta agregar a ese funcionalísimo tipo de edificación primitiva ninguna estructura... que altere su carácter absolutamente "provisional" y su concepción ultrasimple de la habitación humana. Su perfección consiste en su simplicidad [12, p. 36].

> Su cocina son los tres tenamastes[2] paleolíticos. Su silla es el taburete, el cajón o la pata de gallina: esquemas de silla [12, p. 38].

> ...un pantalón azul, una cotona blanca y un sombrero de palma. Ése es el traje del campesino, ése es el sobrio y simple traje típico de nuestro país agrario... Y no creamos que esta simplicidad no tiene una razón de ser. Es una compensación ante la exuberante naturaleza, y una cifra de sano equilibrio ante el calor ambiental [12, pp. 44-45].

> ...el caite. Es la reducción al mínimo de la idea de zapato. En casi todas las partes el zapato popular, la sandalia, tiene taloneras o punteras o algún adorno... ¡Pero nos quedamos con el "caite", la "gutara" chorotega, una suela amarrada al pie y nada más! [12, p. 46].

Nos parece suficiente porque sigue una larga recreación sobre el extraordinario tipo que es el indio nicaragüense, que se las ingenia, siempre *tan mañoso* como su ancestro de la colonia conservando el mismísimo espíritu arribista, desconfiado, etc.

Pero es necesario descubrir que todas las tesis más o menos irreprochables de estos profetas

[2] Piedras.

del mestizaje y de la "cultura del colonizado", conducen a considerar necesaria y legítima la dominación, sea colonialista, oligárquica, burguesa, etc., sobre el díscolo e irredento pueblo aborigen y mestizo —y esto no sólo lo comprendieron Cortés y Pedrarias Dávila en su momento, sino también Johnson y Nixon, a saber, que la dominación tiene que afianzarse a través de una contrarrevolución cultural ininterrumpida.

Si en la Colonia el encomendero denigraba al indio, en tanto soporte de la riqueza material de la que el primero parasitó, en la actualidad y por mucho tiempo han sido el hacendado oligarca y el empresario burgués los continuadores de esa corriente ideológica que no encuentra en el peón agrícola y en el asalariado más que a un vago protervo, a un malicioso haragán que siempre tendrá que requerir del "empuje" dinámico del empresario para poder ser útil —socialmente hablando. Se habla insistentemente de que la dominación imperialista no puede ser posible, mientras no existan en el país dominado las condiciones socioculturales que la proyecten como legítima. Por ello es que a una cultura de la dominación, correspondiente a una alianza con el imperialismo a nivel de socio comercial, nosotros oponemos una cultura de la revolución fundamentada en la alianza de las clases explotadas y oprimidas en Nicaragua.

Ha sido necesario exponer estas tesis, mitos y prejuicios que han primado en Nicaragua, producto del monopolio cultural que ejerce la burguesía criolla. Es natural que la interpretación de los sucesos históricos sea aprovechada para justificar una estructura de dominación que se ha mantenido en nuestro país con una continuidad sorprendente. Sin embargo, no se ha contado con que los hechos históricos hablen por sí mismos. En este sentido, el esfuerzo puesto en este trabajo se concentra en presentar el atestado histórico entresacado de las fuentes coloniales, o, en su caso, de los acontecimientos narrados por el historiador, cronista, informador de la época; cuando no en los escritos de sus protagonistas. Se han utilizado —por seguras— las obras documentales de Sofonías Salvatierra [52] y Tomás Ayón [7].

El período extraordinariamente largo que hemos abarcado nos obligó, en algunos casos, a subrayar los acontecimientos principales que hacen relación con la resistencia indígena, los brotes de rebeldía más representativos. En el período de Independencia tratamos lo más destacado de la participación indígena, buscando distinguir el aspecto clasista de ésta.

Finalmente hacemos la advertencia de que en ningún caso pretende ser éste un estudio exhaustivo; marcamos nada más una pauta de trabajo que pueda ser útil para abonar en el campo de la contienda ideológica sólo recién abierta en Nicaragua una vez que la lucha insurreccional trazada por Sandino con destellos de inconmensurable patriotismo indoamericano y continuada abnegadamente por las nuevas generaciones sandinistas, rompiera con el ostracismo político impuesto por la dictadura somocista y señalara el camino concreto para alcanzar la independencia verdadera y definitiva.

Los intelectuales revolucionarios en Nicaragua han tenido primero que ganar con sangre su derecho a discutir y en ese encendido empeño ha caído una valiosa generación de escritores y poetas, Rigoberto López, Jorge Navarro, Silvio Mayorga, Leonel Rugama, Ricardo Morales Avilés y otros muchos. De allí que sea en su nombre y en la línea de su ejemplo que se inscriba el objetivo último que persigue este trabajo.

I

CONQUISTA ESPAÑOLA. "CHOQUE DE ARMAS"

1] ORO Y CANAL

El interés español por la comunicación interoceánica se acrecienta inusitadamente por las décadas segunda y tercera del siglo XVI, una vez que el proyecto de alcanzar por mar las islas de la especiería aún no ha sido llevado a cabo. Esta circunstancia sirvió de pivote para desplazar la Conquista de América hacia el centro del continente, su istmo y en particular hacia el territorio donde se tenía noticias de la existencia de grandes lagunas que juntaban las "aguas de dos mares".

Los más ávidos y feroces conquistadores de la época, con ello, se hicieron presentes en Nicaragua con el propósito de sumar a sus tristemente gloriosas hazañas y riquezas la del descubrimiento del "Estrecho Dudoso". Los primeros, Cortés, desde la Nueva España, y Pedro Arias Dávila "Pedrarias", partiendo de su cuartel general del Darién.

El descubrimiento y la conquista de Nicaragua están estrechamente ligados —como lo está en buena parte su propia historia— a la probabilidad que presta su situación geográfica para la comunicación interoceánica.

En 1519, dos peninsulares, Andrés Niño y Gil González Dávila, consiguen de la Corona española una capitulación que les acredita su derecho de conquista, después de comprometerse de manera especial a buscar el enigmático estrecho. Después de atravesar el Atlántico y desembarcar en el Darién, incursionan por tierra hacia el norte. A principios de 1523 se presenta en Nicaragua por el sur este Gil González, portando supuestas preocupaciones evangelizadoras.

Encontrándose a una jornada del pueblo habitado por las tribus del poderoso cacique Nicaragua, envía a varios intérpretes aborígenes a anunciarle:

> ...que el grand rei de los christianos enviaba por aquellas tierras a dezir a todos los caciques señores dellas que supiesen todos que en el cielo más arriba del sol ay vn señor que izo todas las cosas i los ombres... que estén en su pueblo él y sus indios y que no haya miedo que yo le diré otras cosas mui grandes... [5].

2] UN CACIQUE LLAMADO DIRIANGÉN

En los primeros ocho días, Gil González obtuvo treinta mil castellanos "obsequiados" por el cacique Nicaragua, que, desconociendo el interés de los expedicionarios, preguntó desconcertado, entre otras múltiples cosas, el porqué tan pocas gentes querían tanto oro. Siguiendo hacia el norte y paralelo a la costa occidental, tuvo noticias de la existencia de un poderoso cacique, tenido como el más aguerrido por esas regiones. Al principio, conociendo la debilidad de los invasores, Diriangén los obsequió con numerosos e impresionantes objetos de oro.

No obstante, el 17 de abril de 1523, fueron atacados por fuerzas de Diriangén en número de tres o cuatro mil indios según cálculos del propio González Dávila:

> ...tres o cuatro mil indios armados de flechas, arcos, espadas y dardos arrojadizos... haciéndoles siete heridos... [52, tomo I, p. 244].

González y su gente, eficazmente auxiliados por los elementos que los hicieron en cualidad superiores frente a los naturales: caballos, pólvora y acero, lograron retirarse. Por la debilidad en que estaban y el mucho oro que ponían en peligro, optaron por desistir en seguir adelante. Salieron de Nicaragua precipitadamente.

3] RETIRADA, CACIQUE NICARAGUA

A su regreso hacia el Darién, González Dávila y sus huestes se encontraron con que las gentes del pacífico cacique Nicaragua los atacaban por todas partes:

> Los indios en gran número atacaron a los españoles con la mayor grita del mundo arrojándoles flechas. Así, continuaron retirándose los españoles formados en tren de guerra luchando hasta la puesta del sol... [52, tomo I, p. 248].

Al llegar a Panamá, el expedicionario español, el 5 de junio de 1523, enumera con satisfacción "cinco cosas señaladas que me han acaecido, nunca ninguna dellas gozo como yo" [5]. Entre las que citaba:

a] Que nunca ninguno sacó tan gran número de castellanos (112 000) [25].
b] Que nunca ninguno había peleado con tantos indios las veces que él.

4] LA FIEBRE DEL ORO: MÁS CONQUISTADORES

Pero Gil González se encontraba noticiando estas cosas en Panamá (El Darién), y pronto llegaron a oídos de Pedrarias, señor de todos esos territorios. El propósito de Gil era regresar tan pronto como pudiese juntar tropas y medios a fin de castigar, expresaba él, la "traición" de los caciques y a "hazellos de paz".

Al conocer de la riqueza de estos lugares, Pedrarias deshace una expedición que tenía preparada hacia el Levante y, reuniendo lo más que pudo, destinó a un teniente suyo, Francisco Hernández de Córdoba, quien salió hacia las tierras de Nicaragua a fines de 1523 acompañado de otros capitanes, entre ellos, Hernando de Soto.

Hernán Cortés, al enterarse de las noticias seguramente exageradas sobre las riquezas "inconmensurables de Nicaragua", determinó disputarlas a González Dávila preparando dos expediciones, una por tierra y otra por mar que encargó nada menos que a Pedro de Alvarado y Cristóbal de Olid, respectivamente. A finales de 1523 y principios del 24 salieron estas dos expediciones.

Gil González, en su carácter particular, Hernández de Córdoba por Pedrarias, y Cristóbal de Olid con Alvarado, por Cortés, coincidieron en el territorio, desencadenando una serie de depredaciones entre los naturales y envolviéndose ellos mismos en su propia ambición que no conoció límites, ni paró en la ejecución de los más abominables crímenes. Una síntesis es muy poco para comprender lo que allí ocurrió. En primera instancia, que los capitanes con distinto mandato guerrearon entre sí, para discernir a quién correspondería la conquista de Nicaragua. Segundo, que se aliaron unos y otros para irse excluyendo en una sangrienta selección natural. Tercero, que se rebelaron a sus mandantes respectivos, haciendo la Conquista en su propio nombre y en el de la Corona. Cortés y Pedrarias marchan hacia Nicaragua, en tanto que un tercero, esta vez el magnate Diego de Velázquez, gobernador de Cuba y las Antillas, feroz enemigo de Cortés, interviene en el pleito. Resultado: Gil González, vencido y expulsado; Cristóbal de Olid, asesinado; Francisco Hernández de Córdoba, decapitado. Otros capitanes menores, Francisco Riquelme, ahorcado, y Francisco de las Casas, enviado por Cortés para someter a Olid (degollándolo), ahora preso.

5] LAS BANDAS ESPAÑOLAS

Las distintas bandas españolas coincidieron en esquilmar a las poblaciones indígenas y guerrearlas. Según Paul Lévy, en esa época "la conquista fue acompañada de violencias espantosas, que en poco tiempo aniquilaron casi toda la población..." La parte que no se sometió fue "encerrada en ciertas poblaciones especiales" [35, núm. 60, p. 101].

A estas correrías se sumó el mismo Cortés y

luego Pedrarias. El primero, recelando de sus capitanes,

> ...no sabiendo ni de Olid, ni de Francisco de Las Casas, resolvió ir en persona. Llegó a San Gil, habiendo trasladado la población a Puerto Caballos se ocupó activamente de la pacificación del país en el cual por todas partes se sublevaban los indios [35, núm. 60, p. 101].

> Sobre los barrancos del río atacaron a los españoles con flechas i piedras e hirieron a Cortés en la cara, como también a otros doce soldados [7, tomo I, p. 184].

Cortés encontró una seria resistencia y, teniendo noticias de problemas internos en Nueva España, decidió regresar allá, confiando en que de Las Casas podría sostener la situación creada por las traiciones de Olid.

Los naturales presentaron desde el principio una tenaz guerra de resistencia. Se encontraron de improviso invadidos y guerreados de manera cruel. Se les quitaba bienes, mujeres, se les esclavizaba y mataba, se destruían sus templos, y sus sacerdotes eran quemados en la hoguera. De acuerdo con Oviedo, los indios sólo guerreaban entre sí "por motivos de límites e por echar los unos a los otros de la tierra" [20]. El tipo de guerra que se les hacía ahora en nada podía parecerse a aquellas otras que no implicaban tantos elementos en un mismo conflicto bélico. No se trataba de echarlos sólo de la tierra, pues se les conservaba allí, pero sin acceso a la tierra; desvertebrada su organización productiva, social, política, religiosa, cultural y, agreguemos nosotros..., humana, porque ese *status* se le vino a reconocer demasiado tarde. El tipo de guerra librada por los naturales, talvez sin estar conscientes ellos mismos, era de verdadera liberación nacional; una guerra desesperada —más todavía— por conservar su existencia como raza. Aunque sus armas eran de una limitada agresividad, según Las Casas "para hacer la guerra a los peces" [32, cap. LXVI], la defensa heroica y la tenaz resistencia al colonialismo hacen exclamar a Pedro Mártir de Anglería:

> ...Oh maravilla, aquella gente desnuda e inerme derrotó siempre a los nuestros soldados, vestidos y armados, los destruyó sin dejar uno en ocasiones y los acribilló de heridas a todos... [3, p. 43].

6] EN PIE DE GUERRA

La entrada de Francisco Hernández de Córdoba no iba a ser tan fácil. Su renombre lo debe a la fundación de Granada y de León; algunos autores le atribuyen también la fundación de Nueva Segovia (Lévy, aunque Juarrós estima que fue Pedrarias [7, tomo I, p. 166].

Estando cerca del Lago de Nicaragua, fue atacado violentamente Hernández de Córdoba, de tal manera que la fundación de la primera ciudad de Nicaragua estuvo precedida por combates, al igual que lo estuvo también la fundación de León:

> ...después de haber sostenido grandes combates con los naturales del país logró penetrar hasta orillas del Gran Lago... donde fundó la ciudad de Granada... [7, tomo I, p. 164].

Dirigiéndose luego hacia el norte, siempre paralelo a los lagos, llegó a las inmediaciones de los pueblos marabios, donde habría de fundar León, por el año 1524:

> ...el capitán Hernández de Córdoba conquistaba la provincia de León, llamada también de los Maribios; ocurrió a cinco leguas de la ciudad una gran lucha entre los españoles y los hijos del país... los naturales no rehusaron la batalla... pusieron en la vanguardia a los que estaban revestidos con las pieles de sus mayores y dieron principio a la lucha animosamente, con mucha grita y ruido de tambores [29, cap. i].

Asimismo otros capitanes de Pedrarias, Benito Hurtado y Gabriel de Rojas, incursionaban al noreste del territorio buscando minas de oro y de paso el solicitado canal. Cerca de éstos también, Martín Estete, otro capitán de Pedrarias, y Diego López de Salcedo, gobernador de Honduras y responsable ante la Audiencia de Santo Domingo. Los aborígenes no escatimaron esfuerzos en hacerles la guerra durante todo el tiempo que duraron sus respectivas expediciones. Las crueldades cometidas con los indios eran ya un motivo harto suficiente para arrojarlos de la tierra. Ayón, refiriéndose a una de las infinitas atrocidades, dice:

> Se detuvo [Diego López de Salcedo] un mes en el valle de Olancho... se dedicó a ahorcar indios, bajo pretexto de castigar las muertes de los castellanos que en aquel lugar habían ejecutado... [7, tomo I, p. 201].

En relación a otro español, Gabriel de Rojas:

> Había cometido tales excesos en su pasaje por entre los indios que se halló de repente atacado por ciento cincuenta caciques a la vez. Combatió en su retirada todos los días durante dos meses, hasta ser prácticamente exterminado... [35, núm. 59, p. 18].

Las expediciones iban por todas partes; un corto número de hombres ambiciosos querían abarcarlo todo en tan poco tiempo, oro, esclavos, estrecho, honores de conquista, fundaciones, factorías. Esa dispersión de fuerzas no podía pasar desapercibida a los caciques, para quienes estas expediciones resultaban intolerables; observando entonces que era corto el número de españoles residentes en cada lugar, convinieron lanzar una ofensiva simultánea contra los puestos o si se quiere ciudades, de Granada, León y el pueblo de las Minas:

> ...se lanzaron contra los españoles... éstos, prevenidos por el gobernador Salcedo... hicieron resistencia, resultando muchos muertos y heridos por unas y otras partes... [7, tomo I, p. 213].

En León:

> Tan indignados estaban los indios contra sus opresores, que sin respeto a Diego López y su ejército, acometían con bravura la ciudad. Ya habían desafiado a Martín Estete, teniente de Pedrarias, para que saliese al campo a batirse con ellos; pero aquél lleno de pavor se abstuvo de hacerlo... [7, tomo I, p. 202].

En Nueva Jaén, un pueblo de Minas donde residía Gabriel de Rojas:

> ...fue mal vista por los indios quienes, deseando destruirla, embistieron dos veces, en gran número, contra los castellanos... El capitán español decidió fortificarse... los indígenas se pusieron de acuerdo para atacarla nuevamente... [7, tomo I, p. 213].

7] ESCLAVITUD Y EXTERMINIO

Además de los conquistadores ya citados, afluyeron rápidamente a Nicaragua numerosos aventureros españoles, abriéndose aún más ampliamente las condiciones para el exterminio de la población indígena, la que no obstante, como queda demostrado, combatía por todos lados. Refiere Las Casas:

> Por las guerras infernales que los españoles les han hecho y por el cautiverio horrible en que los pusieron, más han muerto de otras quinientas e seyscientas mill personas hasta hoy, y hoy los matan. En obra de catorce años todos estos estragos han hecho. Habrá hoy en la dicha provincia de Nicaragua, obra de cuatro a cinco mill personas, las cuales matan cada día con los servicios y opresiones... siendo, como se dixo, una de las más pobladas del mundo [33, p. 31].

Los "servicios y opresiones", en principio, se referían a las expediciones que los españoles hacían atravesando el territorio en busca de oro, haciendo cargar a los aborígenes con pesos extenuantes que les era imposible sobrellevar:

> Muchos indios de los que traían cargados con mercaderías, y ...a los cuales trataban los señores con inaudita crueldad, perecieron de extenuación y cansancio.
>
> ...algunos rendidos por el peso enorme que agobiaba sus hombros, dejaban la carga porque les era imposible soportarla; y ése era un crimen que el desalmado Diego López castigaba quitándoles la vida [7. tomo I, p. 201].

Y este trato, sencillamente atroz, no se crea que era el estilo de unos pocos desalmados: representaba una costumbre de conquista, presente en las expediciones que los españoles hicieron en Nicaragua; sea para buscar oro, o para la búsqueda del desaguadero del gran lago, o para otro propósito no menos cruel como la captura de esclavos. A finales de la tercera década del XVI, Pedrarias, insistiendo en lo del canal, pero siempre con el secreto propósito de hacerse de otros yacimientos mineros, envía al conocido Gabriel de Rojas y a Martín Estete a cumplir semejante misión:

> Durante ese largo camino cometieron muchas crueldades con los infelices naturales, a quienes llevaban con cargas encadenados para que no se huyesen... Habiéndose cansado uno de ellos bajo el peso de la carga que llevaba, los españoles le cortaron la cabeza por evitarse el trabajo de quitarle la argolla... [7, tomo I, p. 212].

Y no fue mucho el oro que encontraron. Se sabe también que los caciques preferían callar su existencia, guardándose como secreto el sitio en que se hallaba algún yacimiento o lavadero [37, p. 258]. Aunque muchos naturales eran empleados en la extracción del oro como fuerza de trabajo esclava, este hecho no significó de ninguna manera la renuncia a la lucha contra el opresor. Oviedo relata algunos hechos que así lo confirman:

> En las minas de San Andrés, pueblo de Sancta María de Buena Esperanza [Ciudad Vieja de Nueva Segovia], en mill quinientos e veynte e nueve los yndios sometidos a penalidades y trabaxos atacaron a los españoles quemando el pueblo... [20, p. 33].

Un poco antes, en 1527, consigna el mismo Oviedo la importante rebelión contra el capitán de Pedrarias, Benito Hurtado, por parte de los indios esclavizados en las minas de Villahermosa, al norte de Nicaragua. El 21 de enero de ese año quemaron el pueblo matando "al dicho capitán" y al resto de la guarnición. Todo el cacicazgo de la comarca se levantó en armas. También fue ajusticiado el capitán Johan de Grijalva, uno de los descubridores de Yucatán y Nueva España [20, p. 33].

8] CAZA DE ESCLAVOS PARA EL COMERCIO

La conquista de Nicaragua tuvo un carácter intensivo. Lo fundamental de la estructura económico-social de la comunidad aborigen fue desmontada en un tiempo asombrosamente corto. La búsqueda de una riqueza fabulosa y más o menos fácil no podía ser posible sobre la base de explotar al indio simplemente en obrajes de tipo agropecuario, o parasitar a sus expensas, más si se tiene en cuenta que la provincia en pocos años estaba diezmada y, además, en activa resistencia anticolonial.

La respuesta a esta contradicción no fue otra que convertir la persona misma del indio en riqueza. Estaba ciertamente al alcance de la mano del hidalgo conquistador, que no tuvo empacho en convertirse en un comerciante de esclavos. Con anterioridad, tanto en las Antillas como en el Darién, la población indígena había sido prácticamente exterminada. Hacia esos centros fue orientado, en primera instancia, el comercio de esclavos que partió de Nicaragua:

Como porque la guerra e conversión de los chripstianos y el tiempo han consumido e dado fin a la vida de los yndios viexos e assí de los moços e la cobdicia de los jueces e gobernadores e de otros que han priessa a sacar yndios con nombre de esclavos fuera de aquellas tierras para las vender en Castilla del Oro e para otras partes... [20, p. 16].

Pedrarias Dávila mandaba a sus oficiales con patrullas que hacían "entradas" en los pueblos de indios a fin de capturar muchos de ellos y reducirlos a la esclavitud [26, tomo I, cap. VI]. Pero no era Pedrarias tan sólo; era suficientemente astuto como para no compartir con su pandilla el miserable tráfico. Se necesitaba esclavos para todo género de trabajos forzados: cargueros, mineros, molineros de tiro, etc.:

...les ponían cargas de hasta cuatro arrobas; hubo vez que, habiendo salido más de cuatro mil cargados, no volvían ni seis vivos a sus casas... [7, tomo I, p. 227].

...puso ante el rey la denuncia de que los mineros de Segovia llevaban las cargas a cuestas de los indios "aviendo cavallos baratos" y que eran muchos los que perecían... [52, tomo I, p. 290].

De la misma manera en que se convirtió al aborigen en mercancía esclava, se le sustrajo con violencias de sus pueblos y reductos para engrosar ejércitos de agresión a otros pueblos amenazados por la conquista:

con seis años de permanencia en Nicaragua, Benalcázar preparó la Conquista de Quito... un navío grande armado.... [58, p. 64].

Las noticias de la expedición de Pizarro al Perú anunciaban la existencia de tesoros fabulosos, lo que sacudió por otra vez a los capitanes españoles más principales. Cortés y Alvarado, nuevamente, y también por otro bando, y nuevamente, Pedrarias Dávila.

Para Pedrarias, Nicaragua era su propio coto de caza, pero no así para Alvarado ni Cortés; sin embargo,

> Alvarado pudo, en 1533, armar tres navíos de 300, 160, 150 ton. y diez menores; 450 españoles: 260 de caballería; 100 ballesteros y 90 de espada y de rodela; 140 marineros, 200 negros esclavos y... mil indios para transporte del equipo y bastimento... la fuerza más formidable... que hasta entonces se había presentado en los mares del Sur [58, p. 43].

Y Alvarado pasó por Nicaragua, capturando todavía dos barcos que tomó en el Puerto de "La Posesión", cerca de León, llevándose muchos indígenas.

El comercio de indios fue particularmente escandaloso y produjo efectos irreparables a Nicaragua, que se sufren hasta hoy. Hizo descender más violentamente la población reducida y provocó, asimismo, la huida hacia las montañas de cacicazgos enteros. Desde allí los naturales continuaron resistiendo con fuerza de heroísmo a todas las partidas de captura que solían enviarse.

La conquista del Perú agudizó más la despoblación; continuamente se enviaban partidas de buques en auxilio de Pizarro, que los requería de las autoridades coloniales en Nicaragua. El gobernador Rodrigo de Contreras, el 2 de febrero de 1537, completó con cinco buques una partida de siete destinada al Perú... cargada de indios [52, tomo I, p. 271]. Muchos autores se han referido a esta particular despoblación de Nicaragua:

> ...que aunque sean cient mill los que hayan bautizado desde el tiempo de Francisco Fernández [de Córdoba] son quatro tantos más los que han sacado de la tierra e se han muerto a causa del nuevo señorío en que están... [20, p. 16].

Pero un señorío resistido, no consentido, contra el que se luchaba denodadamente, con una clara conciencia de que se perdía todo sino. Allí no había situaciones intermedias, alternativas, más que luchar o ceñirse el yugo y morir de todas maneras.

En el diálogo sostenido por Bobadilla con varios caciques hay una referencia bastante decidora:

> Preguntado a los yndios qué significaba aquellas señales [un cometa],... decían los sabios e más ancianos dellos... que aquella señal era camino... su muerte de ellos caminando... porque los chripstianos los cargaban e mataban, sirviéndose dellos como bestias acarreando e llevando a cuestas de unas partes a otras todo lo que les mandaban... [20, p. 31].

9] BROTES DE REBELDÍA Y RESISTENCIA ARMADA

Después del choque armado inicial de la Conquista, la lucha del aborigen en Nicaragua, como producto de diversos factores, presentó dos matices, momentos o coyunturas:

a] La lucha de los pueblos sojuzgados y posteriormente sometidos que estaban asentados, predominantemente en la faja occidental, a lo largo de las costas del Pacífico, y

b] La resistencia armada de las tribus caribes y sus ramas, radicadas principalmente en el nordoriente y oriente del territorio, las cuales, desde la conquista y a lo largo de los siglos XVII y XVIII, combatirán con mayor fuerza cada vez y aun hasta bien entrado el siglo XIX.

Tanto porque fue la zona del Pacífico la más densamente poblada y de mayor desarrollo cultural, como porque la Conquista se centró —como en todo Centroamérica— en las partes centrales y occidentales, donde de la misma manera se vinieron a asentar las ciudades coloniales más importantes: Granada, León, Rivas, el proceso de reducción y represión colonial se completó más rápidamente en la faja costera del Pacífico de Nicaragua que en el resto de su territorio.

En efecto, con bastante certeza —en apoyo de innumerables datos históricos— se hace posible afirmar que, en Nicaragua, la resistencia indígena encuentra una sólida continuidad en aquella parte ocupada por las tribus caribes y sus ramas. Al iniciarse la Conquista, el campo de lucha se extiende desde Nicoya, al sur, hasta Cosigüina, al norte, pasando por la región de los lagos donde están asentados los aguerridos pueblos jefeados por caciques de la talla de Diriangén, Tenderí, Adiact. Para la época de 1527, en que Pedrarias Dávila como gobernador de Nicaragua inaugura una represión descomunal o "período de reorganización", como lo calificara él mismo [35, núm. 59, p. 19], la resistencia se desplaza hacia el norte y el este del país, sin que se pueda decir tampoco que concluyan en el Pacífico todas las expresiones de rebeldía. Brotes de rebeldía y resistencia continuada, será en una y otra parte de la provincia la respuesta del natural frente al colonialismo español.

10] EL PRIMER GOBERNADOR DE NICARAGUA: PEDRARIAS DÁVILA

En junio de 1527, prácticamente destituido de la gobernación del Darién, Pedrarias Dávila es nombrado gobernador de Nicaragua. Cuál otro sino quien ha podido hacer rodar las cabezas de Vasco Núñez de Balboa y Francisco Hernández de Córdoba por motivos de celos y riñas de conquista. Su obra fue toda de destrucción y crueldad. En los tres años que duró en la gobernación de Nicaragua, hasta su muerte en 1531, cuando no sacaba el oro, herraba a los aborígenes, para venderlos como esclavos en las Antillas y el Perú.

Justamente en 1527, se combatía en numerosos puntos de las costas occidentales de Nicaragua y en los pueblos y regiones de minas al noreste y este del país:

> A la llegada de Pedrarias, aprovechando las disensiones domésticas de los españoles, los indios se habían sublevado por todas partes oponiendo seria resistencia. Numerosos combates, seis batallas sangrientas. Vencedores los indios, no pudieron sostenerse... [35, núm. 59, p. 20].

De manera que, al llegar Pedrarias, la resistencia había tomado la forma de una ofensiva generalizada contra el opresor. Los pueblos lo intentaban una vez más, esta vez realizando acciones coordinadas que parecían obedecer a un plan unificado. Aun aquellos pueblos de indios reducidos anteriormente se sublevaban quemando las reducciones "para no dejar vestigios dellas". La soldadesca española no era suficiente en número para detener una ofensiva cuidadosamente estructurada; las poblaciones muy distantes entre sí, y, por lo demás, se venía intentando vanamente desde los primeros tiempos someter a los pueblos, aun a fuerza de emplear los métodos más grotescos de conquista.

Pedrarias decidió hundir en el horror a la población de Nicaragua. Dejó de utilizar la guerra, digamos, como un método principal y pasó a generalizar el terrorismo, que aplicaba sin discriminación, pero fríamente calculado para impactar y deprimir a los pueblos rebeldes:

> ...larga serie de gobernadores comienza por Pedrarias, quien mandaba acuchillar provincias enteras y arrojaba doncellas a comer a sus perros hambrientos después de haberlas violado... [35, núm. 61, p. 124].

Oviedo, refiriéndose a los crímenes cometidos por Pedrarias bajo el predicado de una supuesta justicia de guerra o para conseguir escarmiento y cortar de raíz la rebeldía, la altivez y hasta las mínimas expresiones de protesta, pudo dejar escrito un testimonio irrefragable de lo que ahora muchos denominan "paz colonial":

> e mandóles Pedrarias aperrear e que los comiessen a ellos perros... le daban al yndio un palo que tuviese en la mano... e a cada yndio se echaban cinco o seys perros cachorros... E quando a él parescía que los tenía vencidos con su palo, soltaban un perro o dos de los lebreles e alanos diestros que presto daban con el yndio en tierra e cargaban los demás e lo desollaban o destripaban e comían dél... [20, p. 31].

Éste era uno de los tormentos favoritos de Pedrarias Dávila. El 16 de junio de 1528, en la plaza de León, les fue aplicada esta pena a 18 indios del Valle de Olocotón, entre los que se encontraban caciques y sacerdotes y señores principales.

Durante su "gobierno", Pedrarias llevó a cabo a sangre y fuego lo que denominó "período de organización", que en la práctica se redujo a extender las operaciones de exterminio; con pequeños destacamentos que se prestaban para garantizar una gran movilidad y autonomía operativa, por lo que hace a lo puramente militar, y caracterizados además por una ferocidad inaudita, se convirtieron estas pequeñas fuerzas en un poderoso instrumento psicológico para doblegar la resistencia aborigen:

> ...mandaba cincuenta castellanos a alancear provincias enteras, sin dejar con vida ni a hombres, ni a mujeres, ni aun a los niños. Enviaba también a sus soldados a que hiciesen "entradas", esto es, que asaltasen las poblaciones indígenas robándoles gran número de naturales... [26, tomo I, cap. VI].

Las medidas del programa de Pedrarias son una muestra de lo que constituyó la transición entre la Conquista y la "paz colonial":

a] Castigo a jefes rebeldes a través de los suplicios más crueles, a guisa de sanción ejemplar con fines preventivos (quemados, aperreados, descuartizados, introducción en sacos de serpientes, etc.);

b] Represión a las poblaciones que desobedecían bandos, órdenes; la sanción consistía en el total arrasamiento [52, tomo I, p. 264];

c] Repartimientos de pueblos; traslado de sus caciques a otros lugares [7, tomo I, p. 227];

d] Tributos en especie, esclavitud y servicios forzados [20, p. 6];

e] Esclavitud con herraje en pleno rostro [8, núm. 27, p. 23];

f] Venta de indios a las Antillas;
g] Sometimiento ideológico bajo pena de muerte.

Sobre esto último vale destacar, aunque rápidamente, el auxilio eficaz de algunos religiosos que, impulsados por un fanatismo exacerbado, llevaron a la hoguera a muchos caciques, sacerdotes y nobles, acusándoles de prácticas hechiceras. Los cirujanos y médicos naturales, receptores de una sabiduría terapéutica acumulada por siglos de tradición, sucumbieron en el período de terror religioso:

> Texoxe se llamaba a la bruxa o bruxo... que se transformaba en lagarto o perro o tigre... [20, p. 8]

En la época de "purificación" que coincidió con la gobernación de Pedrarias, eran quemados vivos y también echados a los perros. Los texoxe fueron confundidos con brujos en la óptica inquisitorial que en Europa, casi al mismo tiempo, incineraba en la pira a científicos, alquimistas. Estos texoxe eran en realidad médicos notables que tenían un dominio extraordinario y riguroso de las propiedades curativas de muchas plantas y ya practicaban cirujías de alguna importancia [Luis Cuadra Cea, en 20, Apéndice].

11] TAMBIÉN LUCHA IDEOLÓGICA

Es preciso tener en cuenta que uno de los aspectos de la tenaz resistencia al colonialismo lo constituyó el rechazo de las formas ideológicas, especialmente religiosas y culturales, que el enemigo de clase intentó imponer a la sociedad indígena. Un elemento sustancial para justificar las guerras y masacres era la imperiosa necesidad de la sacra Corona española de "extender la fe", argumento con el cual había de antemano solicitado al Papa la concesión de los territorios conquistados.

Se conoce que los naturales conservaron —a grandes costos— tradiciones religiosas y culturales, que sólo podían cultivar en una estricta clandestinidad. Las formas religiosas y sus representaciones cosmogónicas fueron rescatadas con muestras de un extraordinario fervor. Más tarde llegarán incluso a mixtificar las rigurosas formas litúrgicas del catolicismo español:

> ...tienen tan arraigados estas supersticiones que no hay modo para persuadirles de lo contrario ... es sin duda porque el demonio en estas cosas les dispone los sucesos correspondientes. Hasta hoy [XVII] sus ministros y curas más celosos no han podido conducirlos por el camino seguro de la fe [22, tomo III, p. 397, y tomo I, p. 156].

Cuando el cura fray Francisco de Bobadilla requiere a algunos caciques y principales de Nicaragua sobre su actitud respecto del cristianismo, recibió del viejo sacerdote Tocoteyda (Viejo de la Vara), una respuesta que aclara mucho la actitud de resistencia del indio nicaragüense, a la vez que deja entrever las fuertes presiones a que se vieron sometidos aquellos que podían tener un ascendiente sobre la población natural, para quienes era de una obligatoriedad insoslayable asumir la religión cristiana:

> Bobadilla: —¿Quieres serlo [cristiano]?

Tocoteyda: —Yo soi viexo e no soi cacique para ser chripstiano... [20, p. 9].

Todavía por 1613, la resistencia ideológica era bastante acusada aun en aquellos pueblos asistidos permanentemente por curas, doctrineros, misioneros, etc. Un padre Valencia, visitando el pueblo de Subtiava, "descubrió disimulada idolatría entre los indios":

Tenían éstos grandes adoratorios y en ellos más de cuatrocientos ídolos de diversas figuras...; mandó a azotar a los sacerdotes de los ídolos...; juzgaron que la ira divina quedaba aplacada con los azotes infligidos a los indios... [7, tomo II, pp. 34-35].

Con el objeto de dar un golpe a las estructuras políticas de los pueblos aborígenes nicaragüenses, los españoles, como toda clase colonialista, abolieron los Consejos de Ancianos o "monéxicos", en quienes residía la soberanía comunal. Con una organización parecida a la gentilicia romana, con cabezas y consejos pretoriales, el gobierno en Nicaragua era colegiado. Las formas autocráticas fueron introducidas por los españoles para simplificar sus relaciones administrativas con los pueblos y comunidades. El cacicazgo, desde la Conquista, fue deformado en su naturaleza; aparecía ahora como una suerte de dictadura dependiente; política y culturalmente más atrasada que la forma democrática de los consejos prehispánicos y más cerca a lo que, en la cultura del colonialismo contemporáneo, se denomina gobierno títere. Gonzalo Fernández de Oviedo se encarga de anotarlo:

...Nagrando, donde está la cidbad de León, como en

otras de aquel reyno, e muchas dellas no se gobernaban por caxiques e único señor, sino a manera de comunidades por cierto número de viexos escogidos por votos... e aquéllos creaban vn capitán general para las cosas de la guerra; e después de aquello con los demás regían su estado... e a veces ellos mesmos lo mataban, si lo hallaban desconveniente a su república. Después los chripstianos, para se servir de los yndios e se entender con una cabeça e no con tantas, les quebraron esa buena costumbre... [20, p. 9].

La política de sujeción militar, económica, administrativa e ideológica, desarrollada especialmente en la época de Pedrarias, no terminaría hasta dejar virtualmente desmontada la arquitectura social de la comunidad indígena. Para ello se habían aplicado las encomiendas de tributos y los repartimientos de indios. Ambas instituciones fueron la base sustancial de la Colonia española e instrumentos de consolidación de las clases dominantes de la Colonia. También ocultaron, tras los propósitos evangelizadores de los "pobres infieles", la esclavitud y el comercio de esclavos que hemos referido atrás:

Pedían cada cuatro o cinco meses... al cacique cincuenta esclavos con amenaza de que si no los daban lo habían de quemar vivo o echar a los perros bravos... tomaban lo primero todos los huérfanos... y después pedían, a quien tenía hijos legítimos, uno, y a quien tres hijas, las dos... escogidos y de tal estatura como les daba el español una vara. Como esto se hacía tantas veces, asolaron desde el año 23 hasta el año 33 todo aquel reino... [34, lib. 3, cap. VI].

Tenían los españoles demasiadas ventajas sobre la población aborigen. Numerosas veces fueron vencidos, aniquilados; pero su capacidad de recuperación era asombrosa. Qué hacer; todas las suertes y estratagemas de guerra conocidas por los naturales habían sido intentadas; todas las estrategias, aplicadas. No se había podido luchar con más heroísmo y sacrificio. Pero encontraban formas, se sacudían en lo más interno para salir renovados arrancando las expresiones de la más inaudita rebeldía:

> ...no dormían con sus mujeres para que no pariesen esclavos de españoles... [36, tomo I, p. 346].

> ...consultaron con sus oráculos sobre lo que deberían... hacer para echar de su patria a los extranjeros, y les respondieron que los dioses echarían el mar encima para que se ahogasen... que igual suerte correrían los indios... con esto se sosegaron un tanto... [7, tomo I, p. 214].

Y no les importaba que así el mundo se cayese todo, si los extranjeros morirían de todas maneras, aun cuando significara la propia muerte, que en última instancia les apareció como una alternativa preferible a la afrenta de permanecer para siempre oprimidos y esclavizados. Sin embargo:

> En 1530 la provincia de Nicaragua no estaba en paz todavía... Gabriel de Rojas, en la población de las minas del Cabo de Gracias, era constantemente atacado por los indios... [7, tomo I, p. 219].

II

LA RESISTENCIA ORIENTAL

1] LA RESISTENCIA DE LOS CARIBES

El estrecho, el oro, la esclavitud y el comercio de indios fueron los estímulos básicos que alentaron la guerra exterminadora del colonialismo español en Nicaragua. Pero el solo hecho de la guerra no fue suficiente para sofocar a los pueblos.

La consolidación de la Conquista y el inicio de la Colonia, propiamente tal, sólo fueron posible —por lo que hace a la región occidental del país— hasta que las bases de sustentación económica de las poblaciones aborígenes no fueron enteramente desvertebradas; vale decir, su modo de producir las fuentes de suministro, trabajo, distribución, etc. La encomienda, el repartimiento, el servicio personal coactivo, vinieron a ser los instrumentos básicos de la dominación española para conseguir la consolidación de las nuevas formas de explotación colonial.

Pero este proceso no ocurrió en todo Nicaragua; quedaba gran parte del territorio fuera del control hispano: casi todo el norte y, enteramente, la llanura oriental. Dicho de otro modo, casi todo el territorio provincial —a excepción de la parte occidental y algunos puntos avanzados en las costas orientales del Gran Lago— estaba fuera del dominio español.

A partir del mismo siglo XVI, se intenta conquistar las tribus del norte, conocidas como jicaques o "xicaques", que habitaban una extensa zona entonces llamada Taguzgalpa [19]. Lo que ocurre es que las fuentes para proveerse de indios para el mercado esclavo ponen en contradicción, cada vez más acusada, la contraparte de requerir fuerza de trabajo masiva en el servicio de encomiendas y repartimientos.

La solución del coloniaje fue, por una parte, salir a la caza de los indios caribes radicados en las riberas de los grandes ríos y, por otra, la introducción de esclavos negros después de 1542. Lo cierto es que pese a la caza, conquista, reducción, evangelización, tratados de paz y comercio — y aun halagos—, los caribes y sus ramas se mantuvieron resistiendo aun entrado el siglo XIX:

> La vasta zona comprendida desde Olancho hasta Nueva Jaén, por el lado de la tierra, y desde Trujillo y especialmente en Nicaragua, desde el Río Tinto (Black River) hasta el Río San Juan, por el mar, España no dominó jamás ni fundó pueblos ni estableció jurisdicciones [52, tomo I, p. 399].

Los indios caribes eran habitantes primitivos de Nicaragua, tronco común de varias ramas, a las que se suele llamar también sumos: los pantasma y los poyas; carcas con los siquia y ulúa; los wawas, toakas, tonglas y ramas [35, núm. 61, pp. 121-122]. A diferencia de los aborígenes radicados en las costas del oeste, más aptos para las tareas agrícolas, los caribes se encontraban en un estadio de civilización más primitivo. Su organización comunal correspondía a sociedades de caza y pesca, por lo que se deduce que su utilidad colonial podía contraerse, cuando más, a labores de carga o a la de mercancía esclava.

Hubo durante la Conquista varios intentos de sojuzgarlos: Pedrarias, Francisco de Saavedra, Diego López de Salcedo, el propio Cortés [35, núm. 61, p. 18]; pero fue tal la resistencia que opusieron que en período de unos dos meses lograron exterminar varias expediciones que enviaron contra ellos.

Con posterioridad algunos misioneros hacían rápidas incursiones en las rancherías caribes sin obtener un resultado favorable a su reducción. Alonso Ortez de Elgueta, como gobernador de Honduras, recibió la Real Orden de 16 de diciembre de 1562 para que procediera a la reducción de los indios de la Taguzgalpa, que permanecían en una total resistencia. Este mismo funcionario, con anterioridad, por 1560 había sido instruido para fundar poblaciones españolas entre las dos provincias (Nicaragua y Honduras). Todavía para 1524 no se ha logrado entrar a la Taguzgalpa.

Desde 1600 a 1604 se realizarán varias entradas a las rancherías caribes sin ningún resultado y sin que tampoco las poblaciones prometidas puedan ser fundadas [31, trat. IV, cap. 17].

2] INTENTOS DE REDUCCIÓN Y EXTERMINIO

a] *Incursiones de Verdelete.* Desde 1604, un tal fray Esteban de Verdelete inicia una serie de incursiones por tierras de los caribes. La resistencia persistente que allí encuentra lo hace regresar cada vez con una guarnición más numerosa. Declara

Verdelete que los naturales se "empecinan" en hostilizar a los españoles, determinando incluso dar fuego a los ranchos destinados para albergar a los reducidos y, lo más grave, los templos cristianos allí erigidos.

En 1611, entra por la Taguzgalpa acompañado de otros misioneros y, con ellos, el capitán Alonso de Daza, tres oficiales y una compañía de más o menos 25 soldados [52, tomo I, p. 405]. Se introducen por los confines de Tologalpa, con ánimos más parecidos a los de una conquista que los que podían corresponder a una misión apostólica. Los soldados de la escolta cometían toda suerte de crueldades a su paso. Uno de los hechos —extraordinario por el contenido de crueldad, pero seguramente normal para aquella contradictoria expedición— lo ha rescatado Ayón:

> Al regresar Daza con una fuerza al lugar donde lo esperaban los padres, traía prisionero a un indio valerosísimo que venía desahogando su enojo en términos muy duros. Un soldado de los de Daza lo reprendió y el indio dio al soldado una fuerte bofetada. El español..., auxiliado por sus compatriotas, forcejeó... hasta lograr atarle la mano izquierda a la cintura y clavarle con ocho clavos la derecha a un árbol del cual lo dejó colgado [7, tomo II, p. 18].

El 16 de enero de 1612, los indios, reaccionando violentamente por las atrocidades de los "misioneros" españoles, decidieron una batida, practicando varias emboscadas a los soldados, logrando aniquilar casi por completo la expedición y, con ella, a Verdelete y demás misioneros.

b] *Otra misión en 1623.* Se intenta nuevamente la

reducción de los indios de Taguzgalpa y Tologalpa. Parte la expedición embarcándose en Trujillo; se internan por Cabo Gracias a Dios. Las tribus poyas y wulwuas los atacan simultáneamente. Aun cuando el gobernador de Trujillo, Juan de Miranda, acudió con fuerzas para impedir el ataque de las tribus, la misión fue totalmente aniquilada [52, tomo I, pp. 406-8].

Tales muestras de hostilidad fueron suficientes, al menos por unos cuarenta años, para abstener la expansión colonialista por todo el territorio de la provincia. Repetidamente la Corona oficiaba a las autoridades continentales, en el sentido de completar la empresa de dominio, pero fue en vano. Por 1663, Bartolomé de Escoto se logró introducir tímidamente por el lado de Olancho. No logró más que establecer varios puestos destinados a su comercio particular, que en todo caso estaban lejos de ser lugares de reducción y menos parte de un plan para reducir a las tribus vecinas [52, tomo I, p. 407].

La política española de conquista, como se sabe, fue en primera instancia la del choque de armas. Eficaz auxilio y parte sustancial era el apoyo eclesiástico; cuando ambos medios resultaron un fracaso, los colonialistas emplearon un tercero: el comercio. Si a éste acompañaban la lisonja, los presentes y premios para los caciques, tanto mejor. Al cabo estas argucias les depararon mejor éxito, sobre todo cuando las fuentes de abastecimiento al aborigen rebelde estaban bloqueadas. Pero no significó, en ningún instante, más que una relación puramente práctica y jamás de subordinación o vasallaje.

3] OFENSIVAS XICAQUES

Las incursiones españolas fueron numerosas desde 1600, aunque como se sabe estaban siendo proyectadas desde 1560. Este período fue la apertura de hostilidades violentas en las que los xicaques no se dejaron quitar la iniciativa. Auxiliados por un conocimiento impresionante de las montañas, sus entradas, desfiladeros, cañadas; ágiles para deslizarse, emprender jornadas nocturnas, eran en la práctica enemigos poderosos, infranqueables. Con estas características, pudieron resistir las batidas de conquista, permanecer insumisos durante la etapa colonial y, aun, bajar al llano a hostilizar a las guarniciones españolas en su propio terreno.

Basados en la investigación de documentos coloniales, los historiadores Tomás Ayón y Sofonías Salvatierra, sin proponerse exactamente referir las luchas de los pueblos caribes, consignaron algunas acciones de armas de los xicaques. Aquí, destacamos las más importantes [52 y 7]:

a] 1617, invasión al pueblo de Poteca, bajando por el norte desde Totecacinte;
b] 1647, nueva irrupción en el pueblo de Poteca. Los españoles deciden aumentar sus efectivos militares en esa zona.
c] 1651, ataque a la guarnición de Ciudad Vieja de Nueva Segovia;
d] 1654, violento ataque, mediante el cual es tomado el pueblo de Totecacinte.

No han sido tomadas en cuenta las acciones sostenidas por los xicaques contra las patrullas de persecución que se destacaban a guisa de expediciones punitivas. Lo que sí nos interesa resaltar es que las autoridades coloniales, no obstante que se impusieron la "pacificación" de los caribes, no lograron su propósito. Las factorías que se lograron organizar, por particulares, en 1663, no iban a durar tampoco mucho tiempo [52, t. I, pp. 423-41].

4] DOMINIO ESPAÑOL IMPUGNADO: COSTA DE MOSQUITOS

A mediados del siglo XVII, la situación interna de la Colonia iba a variar, producto del conflicto bélico sostenido por España e Inglaterra contra Francia. El mar de las Antillas, desde 1625, fue el campo principal de enfrentamiento entre las armadas enemigas [1, t. I, cap. III]. Bajo esa coyuntura, se construyeron fuertes, emplazamientos, refugios. Muchas islas se convierten en guarida provisional de las armadas en conflicto, al igual que las costas y bahías que podían ofrecer condiciones para asilo transitorio. El comercio colonial, de la misma manera, se encontró desarticulado, en la medida que marinos aventurados, navegando bajo la protección y autorización de las coronas europeas, atacaban los convoyes y naves españolas que hacían el comercio con sus dominios occidentales.

Aprovechándose de las contradicciones derivadas de la cruel administración española en América y, específicamente, la oposición armada del aborigen en Nicaragua, tanto franceses como ingleses organizaron expediciones de asalto que se adentraron numerosas veces a depredar hasta las costas del Pacífico. Costa Rica, Honduras, Guatemala, así como provincias costeras de Nueva Granada y Nueva España, fueron objeto de continuas invasiones por parte de los piratas europeos. La posición geográfica favorable de Nicaragua acentuó estas incursiones en nuestro territorio.

Bluefields, cabo Gracias a Dios, Sandy Bay, Black River, etc., en el Atlántico, les servían de asientos principales, más si se tiene en cuenta que los ingleses conocían perfectamente la utilidad estratégica y la ventaja geográfica de Nicaragua y, dentro de ella, la situación especial de Granada y el río San Juan. Cromwell insistía a Morgan que se apoderase de Granada, "el fiel de la balanza entre los reinos de México y Perú", desde donde fácilmente podría bloquear el comercio, "...cortar en dos el dominio español..." [6, p. 50].

El pirata Drake, refiriéndose a Granada, la calificaba como "...la joya más preciada por la Corona de Inglaterra" [6, p. 50]. En informes de funcionarios españoles se atribuye a otro pirata, David, que

> Dijo a uno de mis oficiales que estimaba en lo que vale una botija de vino el tesoro que llevaba, en comparación de haber conocido esta plaza y sus isletas y la isla de Ometepe... que no escatimaría todo esfuerzo para fomentar que Jamaica y Portugal le dieran gente para ocupar estos puertos, desde donde prometía con facilidad dominar toda la Mar de Sur... [51].

La afluencia de piratas, el establecimiento de sus guaridas, las incursiones hacia el interior, aportaron nuevos elementos que vinieron a complicar el dominio español en Nicaragua. Los más importantes:

a] Atizar la resistencia caribe; y
b] la formación de las colonias mosquitas.

En efecto, los piratas franceses, holandeses y en especial los ingleses sirvieron de catalizador para la resistencia caribe, reclutando algunas veces a las tribus más guerreras para realizar ataques conjuntos o alentando solamente las incursiones caribes al interior para lo cual suministraban algunas armas de fuego y enseñaban rudimentos de táctica militar [7, tomo II, pp. 64-5].

También desde mediados del siglo XVI, provenientes de las Antillas, arribaron, a la parte oriental de Nicaragua, sucesivas oleadas de esclavos negros, la mayor parte fugitivos [35, núm. 61, p. 120]. Otros sostienen que los negros de la Mosquitia eran náufragos de una embarcación holandesa que se dirigía a cabo Gracias a Dios [48, p. 68]. Pero por lo masivo de la accidentada inmigración nos inclinamos por lo primero. Entre otras cosas, la llegada de los negros antillanos vino a introducir un nuevo elemento étnico, que complicó la composición racial de la provincia, con sus variantes intermedias: mulatos y zambos, resultantes del cruzamiento negro con los blancos e indios, respectivamente. Y todavía otra variante, los moscos o mosquitos, que por su importancia examinaremos aparte.

A finales del siglo XVII y principios del XVIII, un pueblo de zambos conocidos políticamente como "mosquitos", se vino a constituir en el azote de la parte dominada por los españoles en Nicaragua. Mejor organizados que los caribes, habían recibido la experiencia de los filibusteros holandeses e ingleses que tenían su cuartel en la Laguna de Bluefields. Estos mosquitos eran justamente una mezcla de blanco, indio y negro, formados al amparo de los piratas que llevaban mujeres de diversas razas, capturadas durante sus expediciones [35, núm. 61, p. 121].

Los mosquitos y zambos fueron en muchas oportunidades aliados de los caribes y juntos constituyeron un fuerte núcleo ofensivo-defensivo, que a la vez de tener en jaque a las guarniciones y despensas españolas en el interior, eran un poderoso valladar para las pretensiones de extender la conquista española por todo el territorio. A la resistencia ofrecida por los caribes le fue favorable la formación de estos nuevos pueblos igualmente hostiles a los españoles. Juntos, pues, habrían de afirmar las aspiraciones de libertad frente al enemigo común, sin bajar por un momento la guardia, como lo ratifican los tres siglos de hostilidades recíprocas que se dieron en esas partes del país.

La Colonia española, bajo estas circunstancias, quedó prácticamente reducida a las partes central y occidental. Los mosquitos, más tarde, llegaron a constituir, incluso, una suerte de nación con un gobierno de tipo parlamentario-monárquico, reconocido y protegido por los ingleses, cuyo interés por la posición estratégica de Nicaragua fue creciendo en la medida que lo fue también el comercio imperialista [59, p. 215].

La costa oriental de Nicaragua y una buena parte de su vía interoceánica experimentaron el fenómeno de una virtual secesión, por los menos hasta 1894 en que la Mosquitia fue reincorporada durante el paréntesis nacionalista del régimen de 1893 [56].

Antes de examinar lo fundamental de las ofensivas mosquitas y caribes, volveremos a las rebeldías de los naturales, supuestamente liquidadas en el resto de la Provincia.

III

SUBLEVACIONES EN LA COLONIA

1] REBELDÍAS DENTRO DEL COLONIALISMO

No son esclarecedoras las menciones de los historiadores de la importancia que alcanzaron las sublevaciones ocurridas durante la Colonia. Esta impresión ha llevado a más de un autor a afirmar que el período colonial es un largo manto de paz; que cobijados por el primor misionero, alternaban entre las delicias de una tierra excelsamente fértil y casi autoproductora, y el tibio aliento de las oraciones.[1] La idea de la fertilidad, tantas veces repetida, de nuestra tierra, es una tendencia mixtificadora a dejar de lado algo que no interesa destacar a ninguna clase dominante: la existencia del que trabaja la tierra y la hace producir. Y la sustentación de esto, es decir, la preexistencia de relaciones de explotación y subordinación.

La circunstancia de que la mayor parte de los expositores de este problema, en nuestro país, provengan —cambiando lo que hay que cambiar— de las mismas raíces históricas de sus antepasados dominantes y hayan conservado también la misma fuente de riqueza: la tierra y la fuerza de trabajo ajena, contribuye a acentuar más el peso de esta deformación histórica de los sucesos coloniales. No tenemos intenciones de inven-

[1] Esta tesis en 9 y 44, pp. 11 *ss.*

tar, ni atribuir frases, veamos lo escrito por ellos mismos:

A] Las relaciones entre siervos y esclavos indígenas con encomenderos y hacendados aparecen abstraídas o pensadas así:

> La auténtica relación entre el colono y el hacendado nacía del amor a la hacienda [10, p. 20].

Por supuesto, así desaparece como por encanto la relación de dominación existente entre ellos y de subordinación por consiguiente, siendo sustituidas por una relación directa, cada uno por separado, con la tierra. El autor está relatando la estructura rural de la Colonia en el siglo XVI; agregamos que se permite inventar *colonos,* cuando sabemos perfectamente que este tipo de relación aparecerá mucho después. Lo que ocurre es que no puede ver —no tolera describir, por su ideología de clase— al verdadero trabajador de la tierra, que era el indio encomendado o capturado para el servicio personal obligatorio; y la palabra "colono" aparece un tanto deslavada, no importando que su inserción sea un monumental error histórico. Nuestro historiador a menudo prefiere pasar por fariseo antes que por explotador.

B] En relación con la base económica: el dominio encomendero:

> Una hacienda colonial era más semejante, o por lo menos se encontraba más próxima a un monasterio benedictino... [10, p. 21].

Después de quitarle a la encomienda, y al dominio encomendero, el apellido respectivo, los sintetiza con otro: hacienda. Pero no una hacienda común, sino un verdadero centro irradiador de santidad luminosa, de tranquilidad monacal, en donde encomenderos y encomendados permanecen unidos a través de una lealtad patriarcal y supuestamente sacrosanta. No es extraño que más adelante llegue a afirmar:

> Durante la Colonia... la familia del hacendado no solía guardar más distancia con la de sus colonos... [10, p. 19],

para llegar a sentenciar más adelante sobre la esencia misma de la relación entre libertad y trabajo, entre dominantes y dominados; aunque debajo de sus palabras dejó entrever esta vez la espada esclavista, ocultada, digamos, inconscientemente tras un lenguaje sugestivo y delicioso:

> ...La esencia del servicio: "Es posible ser fiel porque se es libre y se puede ser libre porque se es fiel..." [10, p. 19].

A despecho del autor, los naturales encomendados en Nicaragua no fueron fieles y, por lo tanto, no fueron libres. Lo que sí es una infinita falacia es decir que, a pesar de ser esclavos, hayan dejado de luchar, hayan depuesto su espíritu rebelde.

c] *En relación a la resistencia.* Otro manto histórico ha pretendido cubrir estas resistencias, porque nuestros autores burgueses interpretan las manifestaciones de rebeldía como meras conductas desviadas del orden colonial. Lo que representa una lucha por la libertad aparece signado como una expresión simplemente sediciosa, indigna, que es necesario reprimir. Sus textos históricos, sus interpretaciones y remembranzas no registran acontecimientos que dejaron descansar donde sí las consignaron: en las actas judiciales, en los informes y quejas a la Corona. Porque, en última instancia, no hubo guerras, no hubo luchas, en la medida que sólo podían serlo las luchas intestinas de la clase dominante, las luchas entre ellos mismos y jamás las que libraron contra el oprimido. Para ellos hubo siempre Paz Colonial:

> De infinidad de cosas se acusa a la Colonia menos de producir guerras civiles y sufrir hambre... [10, p. 20].

> ...la etapa sangrienta de guerras civiles que desencadena la Independencia y que acaba desintegrando la unidad de la vieja Patria Colonial [11, p. 19].

2] TRES SUBLEVACIONES

a] *Subtiava, 1681* [7, t. II, p. 207 *ss*]. Subtiava era una población indígena de las más importantes. Según Juan de Zavala tendría unos 12 000 habitantes [65, p. 69]. Morel calcula la población adulta en 4 120 para 1752 [40]. Por esta circunstancia y su riqueza material se había constituido en el objeto de las ambiciones de los encomenderos y funcionarios reales, que se lucraban con los cuantiosos impuestos y contribuciones forzosas con que se cargaba a los naturales.

Por 1680, se decide agregar el partido de Subtiava —que comprendía cinco parcialidades importantes— al de León, a fin de controlar los repartimientos y someterlos bajo la autoridad del ayuntamiento de este último partido. Ello significaba, al mismo tiempo, desconocer la autoridad que, aunque medianamente, desempeñaba el alcalde de indios. El alcalde de León, durante 1680, decretó medidas mucho más gravosas, impuso trabajos de mayor rigor, hacía servir obligatoriamente a los indios en sus propias haciendas, a la vez que constantemente lanzaba la milicia contra los disconformes:

> ...y en cada trapiche, en cada paraje de tinta de añil, en cada hacienda de los alcaldes y regidores de León, se ocupaba en intolerables trabajos a los hijos de Subtiava [8, núm. 22, p. 12].

En 1681, los naturales, agobiados, desencadenaron una sublevación que se prolongó por varios días. Desconocieron a las autoridades colonialistas y se decidieron a enfrentar a la poderosa guarnición realista. Temerosos los funcionarios reales, solicitaron la intervención de los religiosos y doctrineros, quienes finalmente, al cabo de mucho prometer, pudieron apaciguar a los sublevados [7, tomo II, p. 208].

Aun con ello, siguieron otras manifestaciones de descontento y agitación hasta que en 1694 la Real Audiencia de Guatemala los separó del municipio de León.

b] *Sublevación de Sébaco, 1693.* Como Subtiava, era importante partido indígena que constaba de trece parcialidades. Situado en la parte central de la provincia, desde donde se partía a combatir a los caribes y mosquitos de la costa oriental, los indígenas se quejaban de los frecuentes reclutamientos, marchas y contramarchas. Las familias estaban sumidas en una gran pobreza, producto del descuido en sus sementeras, motivado por los movimientos de milicia a que eran obligados. Pero, principalmente, primaba la antipatía natural hacia la clase que, con prejuicios étnicos, sociales y culturales, les dominaba con inaudita severidad.

En 1693, el partido de Sébaco se sublevó [7, tomo II, pp. 167-168], aniquilando la guarnición. Sostuvieron diferentes combates contra las fuerzas del destacamento provincial que había sido movilizado por el gobernador Bravo de Hoyos. Había un gran temor entre los funcionarios y encomenderos. Los sublevados no pudieron resistir mucho tiempo, decidiendo retirarse a las montañas.

El partido de Sébaco quedó casi desierto. Según Posada, en Sébaco, para 1740, habitaban tan sólo 60 indios, en circunstancias de que era la más populosa del partido de su mismo nombre [46, p. 24].

c] *Sublevación de León, 1725.* El pueblo de Subtiava y otros barrios indígenas (El Laborío), a principios de septiembre de 1725, armados de espadas, machetes, lanzas, latás y piedras, se arrojaron contra las milicias españolas, aprovechando disensiones internas provocadas por ambiciones e intrigas entre las autoridades de la gobernación [7, tomo II, pp. 252-253].

El feroz corregidor de León, Vicente Luna y Vitoria, había sido nombrado maestre de campo. Este corregidor abusaba de los indios de Subtiava, arrebatándoles sus frutos y propiedades para negociar con ellas. En medio de una crisis económica aguda, mandó quitar a los aborígenes todo el maíz, dejándoles sólo la cantidad mínima de subsistencia. Además extendió los despojos a otros productos:

algodones, gallinas, manteca, frijoles, etc., por los cuales pagaba una cantidad irrisoria, para luego venderlos libremente. Como era su costumbre, castigaba severamente a quien se le oponía [7, tomo II, p. 253].

Durante todo el mes de septiembre y parte de octubre, el pueblo de Subtiava estuvo rebelado. Una vez que los españoles pudieron concentrar tropas, juntando la propia con las de otros lugares, las lanzaron contra el pueblo rebelde, desatando subsiguientemente una cruda represión.

3] ¿PAZ COLONIAL O GUERRA ANTICOLONIAL?

> ...hacer una guerra sin tregua... y hacer en ellos cacería como de fieras, dando muerte a los que no quisiesen pasar a la ciudad [7, tomo II, p. 219].

Para la guerra "sin tregua" fueron creadas las Compañías de Conquista. Estos destacamentos de cacería iniciaron el ataque contra los indios que llamaban "cimarrones", en parte compuestos por caribes y en parte por aquellos que huían de la esclavitud colonial, que por 1711 habitaban en rancherías junto a las montañas. Constituían un serio peligro para las poblaciones mineras y éste era, en verdad, el trasfondo de tanto interés español por la formación de tales destacamentos. Los esfuerzos de las Compañías de Conquista estaban enmarcados también, y en última instancia, por el propósito de constituir reducciones de indios, especialmente circunvecinos a las regiones mineras de Nueva Segovia y Chontales:

> De Camoapa [Chontales] salían las milicias españolas para cometer tropelías y depravaciones en tierras de los sumos, misquitos y matagalpas, por lo que estos indígenas los atacaron obligándolos a cambiar muchas veces de asiento [15, p. 81].

Pero los más vivamente interesados en las reducciones eran los encomenderos y hacendados, quienes encontraban así una manera fácil de hacerse de mano de obra barata para sus haciendas de ganado y obrajes agrícolas. Si es cierto que los naturales encontraban en los funcionarios españoles sus más fieros enemigos, no es menos cierto que su enemigo fundamental era justamente el hacendado colonialista. El gobernador González Molinedo insistía ante el capitán general sobre la necesidad de hacer la guerra de exterminio contra los refugiados en las montañas, dirigiéndola en lo sustancial contra el pueblo caribe y sus ramas, que se encontraba como sabemos en una total rebeldía:

> destruyendo a algunos pueblos de los indios vasallos de su magestad, profanando sus iglesias, llevando los vasos y vestiduras sagradas, habiendo sido los sacrílegos ejecutores de esta maldad, no los zambos, sino los indios bárbaros que habitan las montañas... y sabiendo que están ellas llenas destos bárbaros no se entre en ellas a matarlos... [7, tomo II, p. 220].

Pero en la práctica ocurría otra cosa. Las Compañías de Conquista reducían, por métodos parecidos a los utilizados anteriormente por Pedrarias, con fines exclusivamente esclavistas:

> Parece que, de orden del gobernador que entonces era, se hizo una entrada a la montaña y en ella fueron presos hasta cien indios caribes y puestos en Granada [40, p. 21].

A mediados de este siglo XVIII, Morel registra en Juigalpa ochenta y tres haciendas de ganado mayor, tres trapiches y gran número de chacras y labranzas. En Boaco, cuarenta y dos haciendas de ganado mayor e igualmente muchas chacras y labranzas. En Estelí, cincuencia y tres haciendas de ganado mayor, veinte trapiches, etc. La fuerza de trabajo necesaria para atender las heredades colonialistas hubo de ser conseguida mediante la caza generalizada de los indios de las montañas y rancherías ribereñas, bajo el pretexto de redimirlos con la vida "civil" y religiosa:

Por el año de 1739, don Narciso Argüello... dueño de haciendas situadas en la costa del lago de Granada, comenzó a acariciar a algunos caribes de las tribus que moraban en... Orozí, Morillo, Pedernal y Solentiname...; solicitó y obtuvo la facultad de establecer a los caribes en su hacienda La Jaén [7, t. III, p. 93].

...querían que los indios de Tepesomoto [norte del país] trabajaran en las minas por pago en ropa, insuficiente para el alimento de los operarios...; muchos, evitando deudas, se iban a las montañas [7, tomo II, pp 199-200].

4] SUBLEVACIONES Y REDUCCIONES

En 1778 escribía el obispo fray Juan de Villegas:

Considero muy asequible en breve tiempo la reducción de todas las naciones caribes, y caso que algunas estuvieran sumisas en salir de los bosques bastaría sólo amenazarles por la parte de los zambos y mosquitos... [62, p. 27].

El mismo Juan Félix de Villegas, más adelante, agrega, no obstante:

Reducciones... poco o nada útiles por las invasiones o comercios de los zambos, mosquitos e ingleses... [62, p. 27].

La reducción de los caribes aparecía para Villegas una empresa relativamente fácil. Aconsejaba a las autoridades españolas interesarse por las reducciones, vista la necesidad de la pacificación de todos los pueblos. Pero antes que Villegas, algunos terratenientes y funcionarios habían —de hecho— venido reduciendo, en parte por el halago y en parte mediante la fuerza, a muchos indios caribes "cimarrones". Como vimos más atrás, el interés estaba cifrado en hacerse de esclavos:

En 1770, don Francisco Ugarte solicita permiso para establecer cerca de su hacienda "Quimichapa" una población caribe. No se le concede legalmente por ser el cacique Ambrosio apóstata y enemigo de los españoles... El 15 de febrero de 1772, el capitán de conquista don José Antonio de Vargas pide licencia para trasladar pueblo de cuarenta caribes que ha conquistado para él y que tenía entre Juigalpa y Quisalá... Don Francisco Ugarte, el 6 de octubre de 1775, solicita autorización para establecer cerca de sus haciendas un pueblo caribe que había reducido al cristianismo [7, tomo III, pp. 93, 90 y 94].

El motivo evangélico y de algún modo pacificador era el pretexto para colocar indios como siervos de hacienda y cargarlos con servicios ilegales y excesivos. Algunos aducían que deseaban trasladarlos por ser el lugar de su asiento demasiado "malsano", otros para evangelizarlos, educarlos, etc.

La reducción estaba tomando en la práctica la forma de una masiva esclavización. Dentro de este contexto, ocurre el levantamiento de las poblaciones caribes reducidas.

Debemos aclarar que sólo una minoría caribe

había sido reducida y que este levantamiento, por lo tanto, no significa que las tribus caribes que permanecían insumisas hayan depuesto la resistencia. La sublevación de las reducciones aparece como ocurriendo en el propio seno del sistema colonialista español, al igual que las de Sébaco, Subtiava, etc. Por esta razón hemos preferido tratarla en esta parte y no en la que corresponde a la resistencia caribe, propiamente dicha.

El jefe indígena Yarrince o Yarince, de la tribu de los boacos, había consentido reducirse a condición de que cesase la persecusión del pueblo caribe y no se les sometiera a trabajos forzados. Apadrinado por el capitán general del reino, Mathías de Gálvez, se establece con el rango de capitán en Boaco [52, tomo I, p. 490], tomando el nombre de Carlos Mathías Yarince. Una vez reducidos, no sólo se les sometió a intensos trabajos, sino que arreció la caza de los caribes, extendida ya como una campaña de tipo nacional por los partidos de Chontales, Matagalpa y las zonas montañosas del nordeste. Yarrince y los suyos se sublevaron en 1777, arrasando la reducción y enfrentándose a las milicias que intentaron bloquear su entrada a las montañas, desde donde generalizó una ofensiva caribe hacia los valles de Chontales y Matagalpa. Yarrince fue posteriormente hecho prisionero y asesinado, al parecer en Guatemala [52, tomo I, p. 491].

Los indios hablaban de él como un restaurador o autor de la paz en que han vivido... [62, p. 27].

El padre de Yarrince nunca había querido reducirse, muriendo según Villegas "en la infidelidad".

Los indios que vivían semirreducidos en Olama se internaron igual en las montañas, al conocer el levantamiento de Yarrince, y lo mismo hicieron los de Boaco y Matagalpa. Los españoles respondieron persiguiendo a las familias caribes que se retiraban de tales reducciones, haciendo entre ellos una cruel carnicería:

> ...fueron encargados y perseguidos por los peores delitos... se les acusaba de muchas vejaciones, robos y atrocidades [62, p. 28].

Yarrince fue acusado de tener supuestas inteligencias con los ingleses y se destacaron varias misiones con el propósito de divulgarlo por varios pueblos. El propio obispo Villegas propalaba maliciosamente que Yarrince se había ido con su protector Mathías de Gálvez, al ser nombrado éste virrey de México, ocultando que había sido asesinado mientras guardaba prisión [52, tomo I, pp. 491-492].

Los mosquitos, en represalia por el asesinato de Yarrince, marcharon a la cabeza de su rey (en 1782), que comandó una expedición punitiva que cae sobre Chontales devastando las poblaciones de Lovigüisca y Juigalpa, aniquilando las guarniciones, además de saquear e incendiar ambos pueblos [52, tomo I, p. 492].

5] CONTRADICCIONES

La redución de los indios "cimarrones" caribes y sumos a lo largo del siglo XVIII presentó dos aspectos, como se ha dejado ver: Uno bélico en el que tomaban parte las Compañías de Conquista y destacamentos fijos de Nueva Segovia, Sébaco, Chontales y Matagalpa; y otro constituido por la acción de hacendados, mineros, comerciantes, etc., que de diversos modos se atraían a algunos indios y caciques.

Entretanto, los ingleses han iniciado un plan de colonización teniendo como base el comercio. A lo largo de la costa crecen poblaciones zambas y mosquitas, que van perfilando lenta pero progresivamente una suerte de nación virtualmente independiente con una soberanía impuesta por la fuerza de las armas y la debilidad de la Colonia española, después de sostener varios conflictos armados con franceses e ingleses.

El dominio español se encuentra en este sentido entre tres fuerzas que le son adversas y que juntas impugnan y debilitan su institucionalidad. Estas contradicciones están representadas por:

a] Los indios, mestizos de las villas y ciudades coloniales, actores y promotores de una constante rebeldía, manteniéndose como un verdadero foco interno de lucha;
b] La resistencia de las tribus caribes esparcidas a lo largo de las riberas de los grandes ríos: Coco al norte, Grande y Escondido en en la región oriental;
c] Virtual secesión provocada por los mosquitos y zambos de las costas del Atlántico, conocido como litoral o Costa de Mosquitos o simplemente Mosquitia.

Aspecto que agudiza estas contradicciones es la introducción del elemento inglés como azuzador de los mosquitos y fragua de las violentas hostilidades materializadas en las incursiones mosquitas y zambas hacia las poblaciones del interior, que se sostendrán por casi doscientos años. Por otro lado, las alianzas tácticas de los mosquitos con los caribes determinaron la combinación de dos factores que los hizo invencibles: El conocimiento absoluto del terreno por parte de los caribes, y la organización y armamento mosco, introducidos por los ingleses.

La lectura de cualquier texto de historia colonial de Nicaragua y el examen de los documentos de ese período revelan que una de las contradicciones más agudas —que estará presente a lo largo del dominio español— fue afrontar las invasiones y hostilidades procedentes del litoral atlántico. Desarticularon la producción y el comercio, la navegación, las comunicaciones, en fin, buena parte del plan colonialista. Guarniciones, fuertes, castillos, emplazamientos, destacamentos fijos, compañías de conquista, movilización de contingentes de la armada española, flotillas para la limpieza de la navegación y comunicación fluvial interna, misiones, etc., fueron sucediéndose sin que se obtuviera una solución siquiera mediana del problema.

Cuando, en la tercera parte del siglo XVIII, los españoles intentan seriamente incorporar el territorio oriental para la Corona, la resistencia mosquita ya es demasiado seria y difícilmente puede el gobierno colonial enfrentarla, más si se considera que en el corazón mismo de la Colonia se desarrollan otras contradicciones: entre las mismas clases dominantes por conflictos de poder y ambiciones, entre los funcionarios, entre ambos con los indios y el resto de la gente del común. Contradicciones que van preparando la impugnación de toda la estructura colonial en su conjunto.

Como sabemos, los españoles, por la fuerza de las condiciones históricas, se limitaron a tratar de reducir algunas tribus caribes.

6] MOSQUITOS Y CARIBES

Para la dominación española, la cuestión caribe y mosquita se convirtió en un problema de gran envergadura. Para que pueda tenerse una idea de su magnitud, hacemos una breve reseña de las principales incursiones, haciendo hincapié en aquellas que se llevaron a cabo durante el siglo XVIII:[2]

1703: Incursión por Ciudad Vieja. La Capitanía General organiza juntas de guerra y siete compañías de infantería, caballería, destinando incluso el batallón de Guatemala. Se manda a alistamiento general.

1707: Incursión en Matina y haciendas de Rivas, al sur de la provincia.

1709: Expedición por el río San Juan, llevando prisioneras varias embarcaciones del Castillo de la Inmaculada.

1710: Incursiones a las haciendas de Chontales. Se toman rehenes.

1711: Incursión por el río San Juan, haciendo muchos prisioneros.

1724: Nuevamente en Matina; expropian

[2] En base a 52, tomo I, pp. 443 *ss.*

el cacao de las haciendas y se toman rehenes.

1726 Incursión por Lovigüisca, Chontales.

1747: Atacado Lóvago, Chontales, desde el Cangrejal.

1749: Furioso ataque a las poblaciones de Camoapa y Boaco.

1749: Ataque a Camoapa que se extiende a Boaco. Sus pobladores son persuadidos por las autoridades realistas a cambiar el asiento de la ciudad.

1750-60: Se registran numerosas incursiones conjuntas de caribes y mosquitos por Matagalpa y algunos puntos de Chontales: Yasica, Guabale, Santa Rosa, Santa Bárbara, Camoapa, San Francisco de Guamalote, Carca, Cangrejal, Ayotepe y Cataguás.

1760-62: Caribes y mosquitos incursionan por Jinotega, Muy-Muy, Lóvago y Acoyapa [35, p. 30].

1775-76: Ataques a Lóvago, Lovigüisca y otros puntos del partido de Chontales y Matagalpa.

1800: Terrible ataque a la guarnición de río Tinto, punto fortificado español litoral atlántico.

1804: González Molinedo, capitán general, decreta el estado de guerra, reforzando las guarniciones de Nueva Segovia en Nicaragua y Yoro en Honduras.

1814: Ataque caribe y mosco a puntos del partido de Matagalpa. A estas alturas se les tenía verdadero horror; en las guarniciones la voz de alarma era "Allí vienen los caribes" [52, tomo I, p. 5].

7] LOS INGLESES

Los ingleses aprovecharon las contradicciones de la Colonia española, sus crímenes, crueldades, esclavismo, para extraer sus propios réditos. Alentaban las incursiones mosquitas y algunas veces las dirigían personalmente. Más cuidadosos que los españoles, pudieron hasta granjearse las simpatías de los mosquitos, con quienes establecían un comercio bastante regular. Esta circunstancia fue convertida por los ingleses en aliada poderosa durante los conflictos sostenidos contra España, en 1739, 1759-63, 1779-83.

Para 1701 ya habían establecido algunas factorías administradas por un gobernador. En 1748 se apoderan del puerto de San Juan del Norte; en 1769 Inglaterra invade oficialmente Nicaragua por el río San Juan; en 1780 cae el Castillo de la Inmaculada en poder inglés. El objeto que se persigue es cortar el comercio colonial atenazando el istmo por este punto [35, p. 30]. Más adelante estarán disputando la soberanía de la Mosquitia a los españoles.

Aun cuando los españoles, por la vía diplomática, en los Tratados de Paz de Amiens y Versalles, quisieron discernir de una vez el reconocimiento de la soberanía ibérica sobre la Mosquitia, lo cierto es que muy a su pesar los ingleses no desmontaron sus establecimientos, ni se abstuvieron de seguir influyendo en los pueblos mosquitos. Las pretensiones imperialistas inglesas contaban con dos aliados poderosos:

a] Las contradicciones del colonialismo español con los pueblos caribes, zambos y mosquitos, habitantes todos en esa parte del territorio.

b] El contrabando inglés, aprovechado por esos mismos pueblos, pero también por los comerciantes ricos de Granada y León, entre quienes se contaban incluso funcionarios de alto rango que se hacían de la vista gorda. Se introducían por este medio mercancías de todo tipo, especialmente géneros y herramientas y a tan bajos precios que no permitían a los introducidos por el monopolio comercial español una mínima competencia [68, p. 78].

Algunos funcionarios españoles eran a la vez comerciantes que practicaban el contrabando a gran escala (Sacasa, Zavala, Arechavala) [52, tomo I, p. 532], y mal estaban dispuestos a resolver un problema de tipo, digamos, nacional y afectar sus poderosos intereses particulares.

Lo cierto es que Nicaragua a esas alturas estaba partida en dos. Con el amparo inglés se había establecido formalmente la monarquía mosquita, cuya jurisdicción se extendía desde San Juan del Norte, por el sur, hasta cabo Gracias a Dios por el norte [59, p. 30].

Los pueblos zambos e indios fueron refundidos en uno solo, dándose una forma institucional y rigiéndose por un ejecutivo que compartía la autoridad con un congreso y un poder judicial. El legislativo estaba compuesto por todos los jefes de tribu que se reunían cada año en Bluefields, ciudad escogida como capital o sede de la monarquía [59, p. 47].

En 1841, el superintendente de Belize arriba a San Juan del Norte, trayendo al "rey mosco" en la fragata británica "Tweed"; notifica al comandante del puerto que Gran Bretaña es aliada de S. M. el rey mosco [2, p. 3]. En 1847, fuerzas de la armada británica, en los barcos "Vixen", "Alarm", y "Cutter Sun", con bandera ¡mosquita!, toman posesión de San Juan del Norte y ordenan a los funcionarios que abandonen el puerto. En 48, Granville Lock desembarca con un fuerte destacamento inglés en el mismo puerto y avanza hasta San Carlos, con la intención de castigar el apresamiento del superintendente inglés Hodgson y el oficial inglés Little, luego que el general Trinidad Muñoz, con fuerzas nicaragüenses, tomó el puerto de San Juan en nombre del Estado.

Era la secuela colonial, el producto natural de una política irracional de explotación que fue desintegrando y perfilando a la vez dos regiones enteramente diferentes. La reincorporación de la Mosquitia se lleva a cabo hasta los finales del siglo XIX, en 1894. Así, con todo, los ingleses exigieron indemnizaciones, bajaron tropas en el puerto de Corinto en el Pacífico, para obligar la satisfacción pecuniaria, permaneciendo por espacio de cincuenta días hasta que el gobierno del Salvador se ofreció como fiador [2, p. 5].

Producto de la situación creada por la Colonia española, y las pretensiones inglesas luego, el litoral atlántico no tuvo ulterior desarrollo.

Los habitantes de la costa, en su mayoría negros, mulatos y zambos, así como algunos pueblos caribes, siguen constituyendo una minoría segregada que se diferencia notablemente por sus condiciones de vida extraordinariamente difíciles y ahora explotada por empresas norteamericanas que se dedican a la extracción del oro, madera y recursos del mar.

A la desintegración económica, social, cultural, geográfica se viene a agregar el de la despoblación: tan sólo un 8% del total de la población se concentra en el territorio oriental, que ocupa una extensión mayor a la cuarta parte del área total del país [41].

IV

RESISTENCIA INDÍGENA E INDEPENDENCIA

1] CLASES SOCIALES E INDIOS

A medida que el dominio español fue configurando sectores de clase privilegiados, la lucha fue polarizándose hasta encontrarse frente a frente intereses contradictorios que se expresaron en tantos opuestos: cultura, ideas, gobierno, sociedad, etc.

A finales del siglo XVIII, las clases sociales en Nicaragua estaban repartidas más o menos en la forma del cuadro de la página siguiente.

Esta repartición de clases sugiere una serie de contradicciones fundamentales unas e intermedias otras. La ruptura que importó la independencia de España no fue algo enteramente fluido. La primera contradicción de la sociedad colonial era justamente la carga del colonialismo: Todos los sectores, excepción hecha de las clases dominantes, estaban contra España. Los grandes beneficiados por el colonialismo monopolista y proteccionista habían sido la burocracia realista, los oligarcas y los grandes comerciantes con España. Beneficiados menores, algunos artesanos productores de telas, plateros, cuya relativa bonanza dependía de todas maneras de las relaciones con España y especialmente del proteccionismo.

A. En el sector dominante:

1] Burocracia española:	Funcionarios, militares, alto clero.
2] Oligarquía realista:	Dueños de plantaciones y obrajes de añil, caña de azúcar, ganaderos.
3] Gran comercio:	Telas y artículos de España; en Granada y menor escala en León.

B. Un sector medio, minoritario, pero muy dinámico:

1] Funcionarios menores:	Regidores, escribanos, oficiales de tropa.
2] Profesionales:	Amanuenses, maestros, médicos, boticarios.
3] Artesanos medios:	Sastres, plateros, barberos, hormaderos, maestros ebanisteros y constructores, veleros y jaboneros, etc.
4] Agricultores de granos:	Arroz, cereales varios, frutas a escala de comercio, dulce rústico, etc.

C. Clases explotadas:

1] Serviles:	Soldados (gran porcentaje de mestizos y pardos), carreteros, cargadores, matarifes, cocheros.
2] Artesanos rústicos:	Herreros, carpinteros, albañiles.
3] Jornaleros:	Mestizos, zambos e indios libres, en haciendas coloniales y obrajes.
4] Indios:	i] Fracción artesanal y servil industrial (añil, azúcar, telas, mecates, hamacas, etc.).
	ii] Fracción servil encomendada o repartida.
5] Esclavos negros	

Pero había otras contradicciones, digamos, internas. Una general entre dominantes y dominados que:

a] Para los criollos funcionarios y profesionales se traducía en la reacción contra un orden que los retenía en una escala social y política inflexible; segregados de los altos puestos y responsabilidades; separados de la tierra y la producción; flotando prácticamente en la servilidad que la nobleza dominante, aunque inculta, tendía a considerar espúrea, mediocre, parasitaria.

b] Para los agricultores de grano y pequeños ganaderos no vinculados a los privilegios coloniales, se manifestaba en protestas contra la fijación y congelamiento de precios, establecidos por la Audiencia para los granos y la carne; contra la obligación de llevar sus ganados a rematarse —so pena de fuertes multas— a las ferias establecidas por decreto y donde se les pagaba precios irrisorios [16, p. 112].

c] Para los artesanos medios, cuyos instrumentos, importados de España, tenían que ser adquiridos a precios muy elevados, el peso de la Colonia era irresistible, más aún cuando en lo interno eran explotados por la clase adinerada colonial.

Y todavía otras contradicciones representadas por el choque del sector servil contra un orden que les negaba en absoluto el acceso, el tiempo y la oportunidad de necesidades sociales básicas. Sin embargo, esta lucha de contrarios presentaba altibajos. La contradicción enteramente clara, invariante, es la que en ese orden envuelve al indígena, no sólo sometido, sino negado en su posibilidad de progreso material. Atenazado dentro de relaciones de explotación que cubren todas las alternativas: desde la esclavitud hasta la peonía libre, pasando por la encomienda, el servicio personal (agudizados por las cargas, tributos del rey), los diezmos, la dieta y el servicio obligatorio para las misiones religiosas, doctrineros; agravadas por los prejuicios raciales, sociales e intelectuales que situaban al indio como un residuo virtualmente zoológico.

Hemos visto que el indio reaccionó contra el orden colonial de distintos modos, aun desde el comienzo, cuando por la conquista se está jugando el destino de su raza; enfrentado a impensables recursos bélicos, a atrocidades de toda índole, saca fuerzas para resistir, pasando de unos a otros métodos de lucha:

a] Por la guerra.
b] Por la sublevación.
c] Por la lucha armada de resistencia.
d] Por la rebeldía, el motín, el sabotaje.
e] Por el ataque, la incursión.
f] Por la expropiación y la toma de rehenes.
g] Por la expedición punitiva.
h] Por el ajusticiamiento.
i] Y otras formas de rechazo al colonialismo: huida a las montañas, renuencia al pago de tributos y negativa a concebir hijos esclavos.

Es decir, toda una historia llena de resistencias heroicas que van encadenando y prolongando un fuertemente sentido deseo de libertad, que ya es un estallido al llegar el final de la Colonia.

En la lucha que se libra en Nicaragua por la independencia, también está presente el indio. ¡Cómo no iba a estarlo!, si desde tres siglos luchaba conformando un proceso independentista de extraordinaria continuidad. Es necesario insistir que la lucha del indio no era sólo contra el colonialismo, visto desde el ángulo de su variable externa. No se agotaba allí, en la medida que, relegado a la última escala social, aun dentro del proceso de independencia y realizada ésta, se mantendrían intocados en lo fundamental sus principales enemigos de clase: Los terratenientes y comerciantes, quienes —como sabemos— voltearon sus ojos a la nacionalidad en los momentos en que España se había convertido en un freno para sus intereses y en un peligro para su conservación como clase dominante. El orden colonial legitimaba la dominación de los señores de la tierra, comerciantes agiotistas, burócratas, sobre el resto de la sociedad y en particular sobre el indio; los sostenía con todo el peso de su institucionalidad sobradamente agresiva. No fue hasta que esta clase estuvo en capacidad de sofocar por sus propias fuerzas el desborde popular que se decidió por la independencia. Y esto es tan cierto que, en los intentos de independencia que tuvieron un carácter fuertemente popular y en los que se levantaron reivindicaciones en favor del indio y el esclavo, como en las insurrecciones de 1811 y 1812, tanto la oligarquía guatemalteca, representada por los Piñol, Aycinena, Pavón, Batres, como la nicaragüense, con los Sacasa, Chamorro, Zavala, Arechavala, García Xerez, fueron decididamente contrarias a la independencia y activos promotores de la represión contra los insurgentes [53, pp. 170, 193, 165, y 42, pp. 4 *ss.*].

Cuando en 1821 se proclama la independencia, esos mismos sectores, en Nicaragua, reaccionarán prefiriendo anexionarse al Imperio Mexicano, antes de verse desbordados por los efectos liberadores que habían prendido en la masa popular e indígena. Prefirieron luego hasta desatar, desde 1823 y por espacio de casi cien años, una serie de guerras civiles, sangrientas y represivas —sin cuartel—, contra los que llamaron "plebe", "fiebres" y con quienes estuvo, como lo veremos más adelante, el indio nicaragüense.

A manera de resumen daremos algunos datos que revelen el papel del indio en ese proceso. Debemos precisar que, por la naturaleza del proceso de independencia, le cupo mayor participación al indígena artesano y al parcelero suburbano de comunidad, a orillas de cuyas poblaciones se levantaron las ciudades coloniales más importantes: León, Granada, Rivas, Masaya y Matagalpa.

2] INSURRECCIONES POPULARES DE 1811 Y 1812

A manera de antecedentes ilustrativos de la situación coyuntural del indio para esa época, insertamos las siguientes citas:

> En 1801, erradamente, la Audiencia de Guatemala elevó la contribución de indios a 2 pesos por cabeza. Con este motivo hubo embargos y ejecuciones judiciales y alzamientos de los perseguidos indígenas [52, tomo III, p. 358].

> En 1802, la gran escasez de maíz, principalmente, obligó a los indígenas a vender cuanto tenían. Los tributos subían. Se les exigía el pago del impuesto por la fuerza, huyendo a las montañas lejos de los empleados fiscales [7, tomo II, p. 159].

Esto ocurría en un clima que iba cada año desbordándose en agitaciones populares. El conflicto franco-español. La abdicación del monarca español. Los movimientos juntistas en América y especialmente las luchas de independencia libradas durante la primera década del XIX, en Buenos Aires, Chile, Santa Fe, Cartagena, Venezuela, que concluyeron con la independencia de estas partes en 1810; y, más cerca, los movimientos revolucionarios de Chiapas en 1811 y el 5 de noviembre del mismo año los de San Miguel en El Salvador, venían condicionando el aspecto subjetivo de fuertes levantamientos populares en Nicaragua:

> Natural era que el ejemplo se propagase a otros lugares o más bien había una antigua disposición, semillas echadas y deseos uniformes, cuando no fuese un plan combinado... [30, p. 18].

A] *León, diciembre de 1811.* El día 13 de diciembre, el pueblo de León se subleva. Pide la destitución de las autoridades españolas:

> En las horas de la noche se habían reunido cerca de siete u ocho mil personas alrededor de la casa del gobernador, armados de puñales, machetes y palos, que pedían "se les entregase la persona de dicho señor" y se les hiciese justicia de los agravios que por tantos años habían experimentado... [4, ff. 1-6].

Al obispo de León, Nicolás García y Jerez, se le presentó un pliego que contenía un conjunto de reivindicaciones populares entre las que destacaban:

i] Supresión de tributos de indios.
ii] Abolición de la esclavitud.

Aunque rápidamente las clases reaccionarias, encabezadas por el obispo García Jerez, por evitar el avance de la clase popular, aceptaron las peticiones y, cambiando las autoridades, se quedaron con el mando provincial que tenía como sede la misma ciudad de León, los movimientos populares en León no cesaron. Se destacaban de manera especial los indígenas de Subtiava y barrios populares, encabezados por el indio Juan Modesto Hernández y el cura de Subtiava Benito Miguelena [7, tomo II, p. 443].

> ...cuando se iniciaron los movimientos independentistas [Hernández] militó entre los más entusiastas agitadores... [8, p. 14].

En estos movimientos destacaba como notable coordinador el indio subtiava, fray Tomás Ruiz. Él fue quien dirigió el movimiento insurreccional conocido como "Junta Betlemítica" que perseguía en Guatemala derribar al capitán general, sublevar la tropa y entregar las armas al pueblo. Fue condenado a morir a la pena del garrote, junto a otro indio, Manuel Tot [38, tomo I, pp. 8-9]. Ruiz finalmente no fue ejecutado, debiéndosele en gran parte la fundación de la Universidad de León.

El día 26, un nuevo tumulto popular se formó en León. Durante esta jornada fueron amenazados los españoles, comerciantes y explotadores. En los momentos que se pretendía ajusticiar al agiotista Mariano Murillo, secular expoliador de indios, las milicias amenazaron con atacar a la masa a cañonazos. El cura Benito Miguelena retiró a los subtiava y con ellos el resto del pueblo sublevado [7, tomo III, p. 446]. Aunque luego fue traicionado, el movimiento exitosamente derrocó a las autoridades españolas.

B] *Masaya, noviembre-diciembre de 1811 y enero de 1812.*

El 29 de noviembre por la noche, algunos indígenas descontentos habían intentado sorprender al subdelegado [máxima autoridad local] de Masaya y entregar el mando a don José Gabriel O'Horan... [7, tomo III, p. 449].

Mientras en Granada las autoridades españolas y elementos del comercio, que constituían el Ayuntamiento, se reunían para tomar providencias que garantizasen el orden en el Partido de Granada,

...se presentó en la sala capitular un pelotón de cincuenta o sesenta indios de Masaya quejándose de malos tratamientos y vejámenes que inferían al pueblo los alcaldes... y exigiendo se les dijese la razón por la cual se había prendido a don José Gabriel O'Horan... [7, tomo III, p. 448].

En Granada se desentendieron, advirtiendo a los indígenas que no volviesen a reunirse en pelotones:

Los indios, a su vez estimulados por el disgusto de criollos y peninsulares, se levantan en motín el 15 de diciembre de 1811 y, armados de machetes, puñales, lanzas, palos y mecates, atacaron las casas de justicia en las parcialidades de Monimbó y Diriega y apresaron a los jueces... [52, tomo II, p. 404].

El ayuntamiento de Granada, frente a estos acontecimientos, prepara la defensa de Masaya y de su propia plaza. El 23 de diciembre, se insurrecciona Granada y son derrocados los burócratas españoles. Los reaccionarios pasan a Masaya con tropas y preventivamente toman el pueblo. No obstante,

> El 22 de febrero hubo en Masaya una sangrienta reyerta entre los naturales y algunos escoltas que por disposición del comandante recorrían las calles. Los soldados dieron muerte a nueve indios e hirieron a otros tantos [7, tomo II, p. 469].

La sublevación ocurrida en Masaya, y que aquí hemos consignado muy brevemente, tuvo en los indígenas su principal protagonista. El 2 de enero, habían desalojado de sus casas a los empleados coloniales, acusándoles de exigir impuestos y cargas ya abolidas, así como ocultar órdenes que favorecían a los indios. Al ocurrir la sublevación de Granada, muchos naturales de Masaya pasaron a engrosar las filas de los patriotas contra quienes se dirigió el grueso principal de la represión.

c] *Granada, diciembre de 1811 a abril de 1812.* El 22 de diciembre el pueblo se subleva tomando los cuarteles y libertando a los presos políticos como primera medida:

> El 24 de diciembre se pasa recado a los europeos para que renuncien a sus puestos. El pueblo pedía la cabeza de "Chapetones" [65, p. 107].

> ...dieron absoluta libertad a los esclavos, sin dictamen ni convenio de sus dueños, a quienes se les obligó a firmar las cartas de libertad...; rebaja de papel sellado...; tabaco...; matar los ganados... [65, p. 107].

En Granada se forma una Junta de Gobierno constituida por elementos del pueblo que sustituyen a la burocracia colonialista. Decreta la expatriación de los más recalcitrantes reaccionarios: Sierra y Chamorros. Luego la prisión de estos últimos por persistir en actividades sediciosas:

En vista del giro que tomaban las cosas renuncian sus diputaciones los señores Crisanto y Roberto Sacasa; tanto éstos como don Pedro Chamorro se esconden y le escriben cartas a Bustamante [capitán general del Reino de Guatemala], protestándole su fidelidad a la "buena causa" del gobierno peninsular [52, tomo II, p. 483].

El 10 de enero de 1812 decretó el cabildo popular, a petición del diputado del pueblo Benito Soto, la abolición de la esclavitud [7, tomo III, p. 455]. Los revolucionarios de Granada habían logrado el día anterior unir a la rebelión a un destacamento del fuerte de San Carlos, donde se puso prisioneros a los jefes militares europeos. Este destacamento estaba en su mayor parte compuesto por indios de Chontales y Matagalpa.

Asimismo, en prevención de la ofensiva que se preparaba en Centroamérica contra la junta popular, se organizaron compañías de voluntarios, verdaderas milicias populares que fueron integradas principalmente por indígenas de Xalteva, Cuiscoma, Masaya y Masatepe.

El capitán general, Bustamante y Guerra, ha ordenado desde la capital en Guatemala la movilización de las tropas reales destacadas en Olancho, Honduras, de un batallón desde Cartago, Costa Rica, y de un batallón desde San Miguel, El Salvador. Tres ejércitos marchan sobre los revolucionarios [69, p. 21].

D] *Rivas, diciembre de 1811.* El 23 de diciembre, en Rivas, los pueblos y parcialidades de indios, en número como de cinco mil, irrumpen armados en las calles y plazas de la Villa pidiendo

> establecimiento de un nuevo gobierno y la destitución de las autoridades españolas [7, tomo III, p. 455].

Tomando los puestos militares, logran su propósito. Los sublevados presentan un programa con una serie de medidas, entre las que se destacan:

a] Que los indios no pagarán más de cuatro reales de tributo; los casados, dos reales.
b] Abolición de mandamientos y repartimientos de indios.
c] Que se declare absolutamente abolida la esclavitud [52, tomo II, p. 409].

Persiguiendo defender estas conquistas, los sublevados de Rivas solicitan a la junta de Granada cañones, armas, municiones, etc. Los de Granada, conociendo los movimientos de tropa desde Cartago, destacan además del suministro de material bélico un contingente de tropa bien pertrechado. Con la de Rivas se completó una cadena de insurrecciones que inauguraban un período revolucionario, que importaba la impugnación del orden colonial español. Pretender decir que la independencia de Nicaragua fue un acontecimiento pacífico es desconocer todo un proceso de hechos insurreccionales que alcanzaron su máxima expresión en 1811 y 1812. Es desconocer la represión vastísima que siguió a los movimientos que hemos apuntado y que se extendió casi hasta las puertas de la independencia. Cómo omitir que tres ejércitos realistas marcharon sobre Nicaragua; que se estuvo a punto de proclamar la independencia en el año 12, y sostenerla con las armas en la mano al igual que sostuvieron los revolucionarios la plaza de Granada, atacada, sitiada, vuelta a atacar... hasta negarse al desarme ignominioso y combatir luchando por el mismo fusil que materializaba entonces la única esperanza de renovar lo caduco. No se puede dejar de lado que aun luego de esos acontecimientos hubo otros intentos de insurrección contra el poder colonial, uno de los cuales se promovió tan sólo un año después, en el mes de mayo de 1813, ¡justamente en lo más recio de la represión colonialista! Abortado el movimiento, dio lugar a nuevos vejámenes, prisiones y confinamientos. Fueron condenadas a reclusión las patriotas nicaragüenses María Gregoria Robleto y María Ulloa [7, tomo III, p. 488]. Creemos que la historia de esos acontecimientos debe ser rescatada y valorada en su justa medida, porque marcó un hito en la búsqueda del pueblo nicaragüense por constituir su nacionalidad soberana y su destino independiente... y el principio del fin del colonialismo en Nicaragua.

3] LA OFENSIVA ESPAÑOLA

El capitán general, Bustamante y Guerra, había destacado un fuerte contingente de tropas para ahogar la insurrección de los pueblos de Nicaragua lanzando:

i. Al batallón de Olancho sobre la ciudad de Granada.
ii. Al batallón de San Miguel contra León.
iii. Y al de Cartago en marcha sobre Rivas [69, p. 21].

Las tropas, al mando del sargento mayor Pedro Gutiérrez, llegan a Masaya el 20 de abril de 1812. En esa ciudad se había refugiado la crema de la reacción colonialista y los elementos antinacionales. Gutiérrez establece allí su cabeza de puente para el ataque a Granada y los pueblos sublevados.

En Granada, el pueblo se prepara para la defensa; se abren trincheras y se forman cinco compañías de voluntarios, nombrándose entre el mismo pueblo los tenientes y subtenientes. Había una extraordinaria animosidad. El 22 de abril comenzó el combate, lográndose rechazar a las fuerzas españolas atacantes.

El pueblo dio muestras de heroísmo sin precedentes:

> ...a instantes crecía el ardor bélico de los insurrectos, hasta llegar al grado de ser impotentes las autoridades para contenerlos y dirigir sus operaciones [7, tomo III, p. 475].

El ataque a la plaza de Granada fue realizado dentro de un cerco estratégico de tres ejércitos y una poderosa táctica de asalto de más de 1 500 hombres que contaban con apoyo de artillería. Constituía la fuerza española más formidable vista hasta entonces en Nicaragua [52, tomo II, pp. 413-414]. Los defensores de Granada comenzaron a combatir desde el amanecer hasta las cuatro de la tarde del día 22:

> Fue crecido el número de personas que tomaron parte en la resistencia contra el ejército del Rey. Desde el 16 de abril se habían alistado como voluntarios más de cuatrocientos hombres, la mayor parte paisanos [7, tomo III, p. 475].

Las tropas reales fueron rechazadas una y otra vez, siendo perseguidas en cada retirada por la milicia popular. El pueblo estaba resuelto a defender las conquistas alcanzadas y sostener a la Junta Gubernativa. La lucha que se libraba allí sellaba el destino de la provincia de Nicaragua. Tres cuerpos de ejército habían marchado contra los insurgentes, con estrictas órdenes de fusilar a los responsables y a quienes hostilizaran de palabra o de hecho a las autoridades leales a España.

Desde el 16 de abril, siguiendo las órdenes de Bustamante y Guerra, García Jerez, el obispo-gobernador, libró un bando mezcla de equívocos conjuros inquisitoriales y marciales, disponiendo, por citar algunos:

> 1º Ninguna persona blasfeme ni jure por el nombre augusto, sagrado de Dios ni de su santísima madre María, Ntra. Señora, ni de los demás santos que reinan con Cristo en el cielo; so pena de ser castigados con todo rigor...
>
> 3º Se recuerda la prohibición de cargar cuchillo o usar armas cortas, bajo la pena de seis años de presidio...; asimismo... cargar o usar, de día o de noche, clavos, piedras, huesos, estacas, malacates...
>
> 13º Todo cabecilla de motín será arcabuceado; todo el que insulte de hecho a las justicias o a cualquier individuo de las autoridades constituidas, será arcabuceado... [7, tomo III, pp. 470-2].

La respuesta del pueblo a la ofensiva militar y a los bandos sombríos de Bustamante y García Jerez es una síntesis que recoge el mucho patriotismo que allí demostró:

> ...que si ellos deberían morir ahorcados, morirían más gustosos con las armas en la mano... [66, p. 108].

Sin embargo, la actitud heroica del pueblo no fue secundada por la junta gubernativa de Granada; como en muchas insurrecciones del pasado siglo contra el colonialismo, el lastre de una dirección pequeñoburguesa —si cabe el término— condenaba el éxito del movimiento popular:

> ...hallábanse, por su parte, sobresaltados y medrosos por el repentino vuelo que había tomado la insurrección...; se consideraban sin las fuerzas necesarias para dominar la delicada situación en que se habían colocado nuestros pueblos... [7, tomo III, p. 477].

El 21 de abril se firmó un convenio de paz, sin consultar al pueblo. Se establecía, en el punto siete, el compromiso de los realistas: "Que nadie sería molestado a pretexto de los sucesos pasados, lo cual debería considerarse como un indulto formal" [69, p. 22].

Aun con ello el pueblo no acátó el desarme. No podía adherirse a estas alturas a un acuerdo que estaba bien lejos de su disposición a combatir hasta las últimas consecuencias, máxime que las tropas reales habían sido varias veces rechazadas, perseguidas y hostigadas. Al entrar los destacamentos del rey a la plaza, a fin de desarmar a los rebeldes, encontraron la resistencia armada de tres cuerpos [66, p. 109]:

a] La compañía de artillería y fija del Fuerte de San Carlos.

b] Un destacamento del Batallón de Milicias.

c] Destacamentos populares.

A manera de epílogo, tanto el capitán general Bustamante como el obispo intendente García Jerez no reconocieron el pacto firmado con el ayuntamiento granadino sublevado. Se levantó una cuidadosa instructiva, resultando de ello que serían pasados por las armas dieciséis cabecillas de la insurrección, a presidio perpetuo nueve de ellos y ciento treinta y tres sometidos a diversas penas [38, tomo I, p. 17].

El 22 de mayo ingresaron a la ciudad las familias Sacasa, Chamorro, Barrios y otras. El rencor de estas familias era implacable, porque pedían venganza contra los independientes... [52, tomo II, p. 422].

V

LAS LUCHAS POR LA INDEPENDENCIA, FIEBRES Y SERVILES

1] INDEPENDENTISTAS Y ANEXIONISTAS

La independencia en Nicaragua estuvo precedida por tres siglos de resistencia indígena contra el poder español, brotes de rebeldía que a la par impugnaban de manera continuada el dominio colonialista y sublevaciones populares desde los primeros años del 1800. Estos antecedentes de lucha fueron ratificados por las sublevaciones y guerras que tuvieron lugar inmediatamente, luego de declarada la independencia.

En Nicaragua, desde un principio, hubo un fuerte sector compuesto por oligarcas y comerciantes, enemigos acérrimos de la separación [38, tomo I, p. 34]. Por otra parte, se declaraban partidarios de la independencia otros sectores, en su mayoría elementos del pueblo, intelectuales, algunos criollos afectados por el proteccionismo español y las arbitrariedades fiscales y los indígenas.

Al llegar el anuncio de la declaración de independencia, los elementos adictos al realismo desconocieron lo actuado por la asamblea extraordinaria que la había declarado en Guatemala el 15 de septiembre de 1821. Esta actitud provocó de inmediato el descontento de las clases populares:

Todos los leoneses amantes del país en que nacieron han recibido el día de hoy la herida más cruel que puede hacerse al corazón humano. Hoy han visto con sumo dolor la explosión de una conjura de *serviles*, de estos eternos enemigos de la patria...; en este día se juntó el servilismo y congregó al mismo tiempo a los señores de la Exma. Junta Provincial... se propuso invitar a las corporaciones de su capital a abandonarlas en caso de hacerse independiente y refugiarse en ésta; prometiendo y jurando la fidelidad del pueblo; y dando cuenta al Rey de todo esto... [17, tomo III, pp. 817-8].

Contrariamente, en Granada se jura la independencia el 4 de octubre del mismo año. La villa de Nicaragua [Rivas] y Masaya siguen el mismo derrotero independentista, al igual que Matagalpa, que jura la independencia el 14 de octubre [60, pp. 197-198].

En México, Iturbide proclama el Imperio Mexicano emitiendo el Plan de Iguala, programa enteramente reaccionario, e instando de manera virtualmente coactiva a las provincias centroamericanas para que se anexen al Imperio sobre las bases del referido plan. Los reaccionarios en León, al considerar preferible adherirse a un sistema que, bajo el poder autocrático de un monarca, les garantice la estabilidad de sus intereses, acordaron adherirse al Imperio Mexicano el 11 de octubre de 1821.

Frente a esta actitud, Granada se erige en Junta Gubernativa Subalterna, constituyendo prácticamente una nueva provincia. El 22 de noviembre, los independentistas de Guatemala legitiman ese *status*. Nicaragua se ha dividido políticamente en dos partes. Pero será por poco tiempo. Nada menos que Crisanto Sacasa, nuestro conocido autócrata, era entonces el comandante general de armas... y gobernador alterno. Después de anexarse el gobierno provisional de Guatemala al Imperio Mexicano, el 5 de enero de 1822, las autoridades granadinas, bajo una fuerte oposición popular, deciden también anexarse:

> Dividida la oposición en dos bandos, a saber, de una parte el vecindario y autoridades y, de la otra, casi todo el clero y unas cinco familias de las principales, defendían, el primero, que Granada quedase en el rango de provincia independiente y el segundo que volviese a someterse a León [anexada a Iturbide desde octubre de 1821]... Se juró la Unión con el Imperio, se reconoció con júbilo a nuestro emperador [47, pp. 46-47].

Cinco familias y el clero contra todo el pueblo. Y primó la anexión. No habían dejado las clases reaccionarias que tuviera lugar en Nicaragua la independencia. En este sentido se planteó la lucha: independentistas contra realistas en 1821; luego independentistas contra realistas en 1822. Serviles-españolistas contra populares-fiebres, todas denominaciones de grupos políticos, eran en el fondo un agrupamiento de intereses económicos y sociales contradictorios que pugnaban por definir cada uno por su lado los destinos de la provincia, sobre la base de concepciones excluyentes que los enfrentaron en cruentas guerras que desde 1822 habrían de prolongarse hasta 1857.

Aunque la independencia no se materializó de inmediato, vino a constituir la fuerza que liberó las aspiraciones contenidas del pueblo por alcanzar la libertad y salir de la opresión de los mismos explotadores que, luego de encomenderos, prolongaban el orden colonial bajo los sellos del aristocratismo señorial.

Los indígenas, más claramente que en 1811, no batallaban ahora por simples reivindicaciones de tipo racial, ni asumían criterios de pueblo o raza colonizada. La independencia descubría a sus enemigos de clase, mostrando al pueblo la debilidad de los prejuicios de abolengo, superioridad étnica, social e intelectual y enfilándolo junto a otros sectores oprimidos en una lucha de clases, que al margen de las ideas políticas habría de centrarse entre explotados y explotadores.

Primero contra el dominio colonialista, luego al profundizarse las contradicciones de la sociedad, veremos a los indios nicaragüenses hermanarse en la lucha por la independencia con los sectores relegados de la Colonia. Y todavía no detenerse y seguir luchando impulsados ya por un instintivo sentido de clase, haciendo causa común con los sectores avanzados de la sociedad cada vez que éstos se encararon contra las clases explotadoras fundamentales.

De una lucha de liberación librada durante la Conquista y la Colonia el indio pasó a ser en la independencia actor constitutivo de contiendas que se redefinían como la solución violenta de pugnas entre las clases. Nosotros haremos, por el sentido de este trabajo, una reseña sucinta de la participación indígena a lo largo de las luchas que siguieron a la proclamación de la independencia.

2] PERÍODO DE 1822 A 1845

A] *Indígenas y estudiantes*: *el poder al pueblo.* En la madrugada del 4 de junio de 1822, un grupo de artesanos de la comunidad indígena de Subtiava, junto a varios estudiantes, se apoderaron del cuartel de la Compañía Provincial, en León, contando con el apoyo de algunos elementos del interior de la plaza militar. Este movimiento se efectuaba en el más crudo período de la anexión al imperio de Iturbide, persiguiendo, según las declaraciones de uno de los revolucionarios,

> ...llevar a cabo el movimiento popular...; el pueblo se reuniera en cabildo abierto y pudiera ejercer él mismo las atribuciones del poder y proceder a elegir una junta de once individuos que ejercieran todas las funciones del mando... [61, tomo III, p. 331].

Desde el 31 de mayo, el gobierno anexionista tenía noticias que se celebraría un movimiento armado que perseguía derrocar a las autoridades imperialistas. Son detenidos el cabo José de Jesús Osejo, el pbro. Tomás Muñoz de Masaya y Sebastián Escobar, estudiante de la Universidad de León:

> ...de los testimonios se dedujo que la noche del día anterior, como desde las 6 a las 8, se había llevado a cabo una reunión en una casa posada que habitaban juntos cuatro o seis estudiantes granadinos y de Masaya... [69, p. 35].

A dicha reunión habían concurrido algunas autoridades indígenas del pueblo de Subtiava y otros barrios de indios, casi todos ellos de oficios artesanales:

> Pablo Meléndez [herrero de Subtiava], regidor del ayuntamiento de León; Justo Altamirano, conocido con el apodo de Barrera, de oficio herrero y también regidor; Miguel Mendoza, estudiante; Benito Rosales, estudiante pasante de abogado, ambos de Granada; Pedro Alemán,

estudiante originario de Masaya; José López, minorista, cursante de estudios, natural de Matagalpa; Simón Arúe, estudiante de San Miguel, y algunos otros cuyos nombres ignoraban los declarantes [61, tomo III, pp. 331-2].

Tomado el cuartel, el jefe interino del Estado Mayor de la Provincia organizó la contra-toma disponiendo de todos los recursos y fuerzas:

Los insurgentes que estaban en el cuartel mostraban que no tenían gran experiencia en el manejo de las armas... muy posiblemente debido a su corta edad... [69, p. 35].

Los indígenas y estudiantes se retiraron después de combatir contra las fuerzas anexionistas, dejando dos muertos y un herido. El movimiento fue debelado, no obstante dejó un ejemplo de lucha popular liberacionista y sentó el antecedente revolucionario que permitió, al que tuvo lugar el siguiente año, derrocar a la Junta Gubernativa reaccionaria y al intocable González Molinedo, jefe político superior de la Provincia.

De un informe enviado por González Molinedo a la regencia del Imperio Mexicano, extractamos un párrafo que revela la alianza de los elementos estudiantiles y populares de los pueblos y barrios indígenas:

...De las actuaciones resulta que una cábala escolar, indigestada en los principios de libertad y soberanía del pueblo, alimentaba y propagaba ideas nocivas a cuya ejecución se prestaba Pablo Meléndez, cabo 1º de este Batallón Provincial, nombrado regidor... más bien por un efecto de partido y estímulo a la clase anteriormente degradada a que pertenecía, que no por asistirle mérito y virtudes convenientes y favorecido por otro hermano suyo, alcalde pedáneo [alcaldes de indios y mestizos] de uno de los barrios de esta capital, en que viven ambos, unidos con el alcalde indio del contiguo pueblo de Subtiava, que con ésta es la tercera vez que se halla procesado por subversivo atrayendo a algunas tantas personas de las heces de la sociedad... dispuestas a todo lo malo... [69, p. 35, hace la inserción textual].

Más tarde, el 27 de agosto de ese 1822, los revolucionarios llevaron a cabo otro levantamiento en León. En Granada, Cleto Ordóñez y Raimundo Tiffer, ambos de las clases populares, se sublevan el 9 de octubre [61, tomo IV, pp. 51 y 90].

B] *1823-1824: serviles contra fiebres.* El 16 de enero de 1823, Cleto Ordóñez toma el cuartel de Granada, deponiendo y apresando al coronel Crisanto Sacasa. El ataque sorpresivo evita la reacción inmediata, integrándose una junta gubernativa de tipo popular. Ordoñez había reclutado cuidadosamente su tropa de entre los barrios con predominio indígena, tanto de Granada como de Masaya, Xalteva, Diriega, Moninbó, Palo Blanco [42, p. 8].

El obispo García Jerez se referiría a la alianza popular, que ya había conocido en 1811 y 12, en estos términos que dirigía nada menos que al secretario de Estado del Imperio Mexicano:

...y tengo el consuelo y la satisfacción de poder asegurar a V. E... que habiéndose presentado la ocasión que la infeliz ciudad de Granada y la miserable villa de Masaya proclamasen en la noche del 16 pp.pp. enero el ominoso republicanismo, ni un solo eclesiástico secular de todo este Obispado tuvo parte en las ideas desorganizadoras de los traidores [61, tomo IV, pp. 120-121].

Y enhorabuena: las clases populares se habían depurado y aprendido las experiencias de 1811; la independencia se proclamaría sin tomar en cuenta a las "cinco familias principales" ni al clero. En Nicaragua se declara la voluntad del pueblo en el sentido de separarse absolutamente de la monarquía imperial de México. El furor clasista se extendió hacia otros pueblos en que prevalecían mestizos, indios y elementos populares: Masaya, Juigalpa, Lóvago y otros pueblos de Chontales y Carazo. Se decretan expropiaciones y el desborde popular seguido por su sentido de clase —de manera casi natural— reacciona contra sus enemigos seculares. Zelaya Goodman expresa, con cierto desdén, algo que nos interesa rescatar: el predominio de lo clasista:

> ...verdaderas hordas del populacho, en las cuales había también mujeres, invadían las casas linajudas donde tomaban telas, vestidos, enseres ...En Granada se realizaban... banquetes para la muchedumbre... [69, p. 40, en base a Desiderio de la Cuadra].

La rebelión encabezada por Ordóñez levantó la consigna popular: "Se acabaron los dones". "Mandó destruir los escudos esculpidos en piedra, y se suprimió el tratamiento de Don con ostensible grosería" [14, p. 7].

Naturalmente la aristocracia conservadora aún conserva un pésimo recuerdo, como se deduce de la cita anterior; además de "grosero", a Ordóñez se le recuerda como "plebeyo", "tuerto", "bastardo", etc.

Mas esas y otras medidas populares fueron forjando las condiciones que llevarían a la guerra civil contra las clases aristocráticas durante los años 1823, 24, 25. Por de pronto se sellaba formalmente la decisión popular de separar Nicaragua del imperio de Iturbide.

c] *Sucesos de 1844.* Los "serviles" de Granada solicitan ayuda a los reacionarios de Guatemala, Honduras y El Salvador para deponer a los liberales que gobiernan desde León, como capital, el Estado. Estos acontecimientos se enmarcan en las luchas que la aristocracia centroamericana estaba librando contra los liberales que deseaban una Federación Centroamericana de corte liberal. Francisco Morazán había caído en 1842, fusilado por los reaccionarios, dejando empero un grupo de soldados en quienes habían prendido las ideas liberales: Gerardo Barrios, en El Salvador; Trinidad Cabañas, en Honduras; Máximo Jerez, en Nicaragua. La contrapartida reaccionaria estaba representada por el dictador Carrera, en Guatemala, y tras él los aristócratas Aycinena, Piñol, Batres, Pavón y otros; por Malespín y Dueñas, en El Salvador; Vázquez y Guardiola, en Honduras, y Fruto Chamorro con Fulgencio Vega, en Granada.

El elemento indígena tuvo destacada participación en esas cruentas luchas que la oligarquía centroamericana hizo al partido popular en Nicaragua. Alentaban a los naturales dos circunstancias:

a] Su adhesión al partido popular, con el que había luchado desde la independencia.

b] En lo económico, las cargas ominosas, crueldades, reclutamientos forzosos, que los aristócratas conservadores imponían en sus haciendas a la peonada natural y a los pueblos de indios.

Cuatrocientos indios de Matagalpa enviados por los conservadores con flechas... los pusieron a cargar sacos, abrir hoyos para trincheras en las primeras líneas de fuego y a las primeras descargas de los defensores morían indios [42, p. 55].

Estaban los liberales en el poder para 1844. Malespín, con una poderosa fuerza honduro-salvadoreña, ataca la plaza de León auxiliado por mil hombres enviados por Fruto Chamorro y la aristocracia. Durante cincuenta y seis días es sometida la población a un sitio devastador. Fueron quemadas más de 900 casas; los fusilamientos se producían a diario en un intento por ahogar en sangre la resistencia popular [57, pp. 14-24].

El 19 de enero de 1845, en una ofensiva fulminante, es atacada la población indígena de Subtiava y simultáneamente se incendia León, persiguiéndose producir "un efecto moral". Son fusilados el director de Estado de Nicaragua, Madriz, su ministro general, Navas, y muchos más. Malespín se retira de León dejando el campo abierto a los reaccionarios no sin antes ahorcar al comandante general del Estado, Casto Fonseca. Más de cuatrocientos indios perecen en esta acción.

> No son belicosos, pero sí valientes, y cuando es preciso luchan con el más fiero denuedo. Más de una vez León se salvó gracias al batallón de indios de Subtiava que, como cuando en las conmociones civiles de 1838-1839, marcharon de triunfo en triunfo de un extremo a otro de la América Central [57 bis, p. 221].

Además de la heroica participación del pueblo de Subtiava, otros pueblos se habían rebelado, agudizando la oposición antiaristocrática:

> Rafael Flores, comandante de Masaya, reclutaba con atropellos... dos días antes del sitio de Malespín a León, se alzaron los barrios y se juntaron los de Diriega, Palo Blanco, armados de machetes, pistolas y puñales... deponen a Flores y nombran jefe a Pío Robleto, después de atacar el cuartel [42, p. 83].

En Matagalpa los indígenas se rebelaron marchando sobre la ciudad. Lograron tomar la plaza después de tender un cerco o "cordón" y vencer la resistencia de las milicias:

> ...mutilaron los dedos de H. Gómez, secretario vitalicio de los alcaldes, porque con ellos "cojía la pluma para firmar lo que ellos creían contrario a sus intereses"... [42, p. 121].

b] *En la contraofensiva liberal de 1845-1851*

i] Después de recibir una derrota por parte de Malespín y Chamorro, la corriente nicaragüense del federalismo morazanista inicia la contraofensiva para derrocar a los aristócratas usurpadores. Entrando por el noroeste del país se van sumando a las fuerzas invasoras muchos elementos populares. En 1845 atacan a las fuerzas conservadoras acantonadas en León. En estos combates los indígenas de Chichigalpa y los de Subtiaba, El Laborío y San Felipe, que se suman en León, dan muestras de increíble heroísmo al enfrentarse a las bien pertrechadas tropas de la aristocracia con flechas, palos, piedras y macanas. Los fusiles van siendo recogidos del soldado que cae:

> ...a los muertos no les hallaban el fusil porque se los quitaban los de arma blanca... indios hubo que encontraron con una lata de güiscoyol agarrada con la mano yerta... [42, p. 98].

ii] Los antioligárquicos tuvieron que retirarse, abriéndose un perído de resistencia popular. El campo de la lucha pasa a las montañas de las Segovias, al norte, donde surgen las guerrillas de "Siete Pañuelos", apodo con que se conoció a uno de sus jefes, Trinidad Gallardo. Estas guerrillas fueron organizadas con el concurso de liberales segovianos principales, los Cacho, Gadeas, Zelayas, Martínez y otros. El foco de resistencia guerrillera se integró con campesinos de las Segovias y fundamentalmente con indios caribe-pantasmas de Matagalpa y Jinotega [42, pp. 110 y 115]. Las operaciones guerrilleras se extendieron rápidamente por el norte en un frente que comprendía las poblaciones de Jinotega, Metapa, San Isidro, La Concordia, Somoto, Totogalpa y Palacagüina. Los caribe-pantasmas, agudos conocedores del terreno, prolongaron la actividad de las guerrillas segovianas. La actividad económica del norte fue afectada, paralizándose el abastecimiento de granos a todo el país que dependía del suministro que proporcionaban esas zonas.

Este movimiento prácticamente obligó a la milicia aristocrática a concertar un tratado de paz conocido como "Acta de San Juan de Limay".

...trozaban las cabezas con sus machetes [42, p. 115].

iii] Todavía entre 1849 y 1851 veremos a algunos pueblos y comunidades, donde predomina el elemento natural, rebelarse contra las autoridades reaccionarias y la clase oligárquica.

Vecinos del pueblo indio de Xalteva y de otros barrios de Granada, con motivo de celebrarse ciertas elecciones, contestaron violentamente las provocaciones de un grupo aristocrático, hiriendo a varios que se habían introducido a los barrios donde los candidatos "serviles" se tenían ganada la más abierta impopularidad. Los serviles ordenan a las tropas hacer una entrada ejemplarizadora a los barrios, marchando el coronel Santos Ramírez primeramente al de "Pueblo Chiquito", secundados además por una turba de recalcitrantes que habían sido armados y azuzados por el mismo Fruto Chamorro. Las partidas de represión son rechazadas:

> Hay varios muertos, entre ellos el coronel Santos Ramírez de las fuerzas atacantes... [42, p. 158].

> Este barrio está habitado por indios principalmente... se nos dijo que ese barrio era el baluarte de los "calandracas",[1] tradicionalmente recelosos de la ciudad... Esta hostilidad condujo al choque que habíamos oído hablar... A raíz de eso, ya fuese por miedo o con el propósito de organizarse para seguir la lucha, huyeron los calandracas... al monte [57 bis, p. 95].

Los sucesos habían tomado la forma de una sublevación de los barrios; no obstante, ante la superioridad de las fuerzas, se repliegan a Masaya. Los xaltevanos toman el pueblo de Masaya y capturan a varios aristocráticos; allí se les unen algunos indígenas de Masaya y gente del común. En vista de la persecución de que son objeto, deciden retirarse hacia la ciudad de Rivas, esperando encontrarse allí en mejor situación para resistir y evitar caer entre dos fuegos en la medida que desde León han sido enviadas otras fuerzas con el propósito de sofocarlos.

Esta serie de enfrentamientos tienen una importancia particular, al aflorar en ellos el germen de lo que luego serían las coincidencias interoligárquicas, las uniones libero-conservadoras. En efecto, los sectores más reaccionarios del grupo liberal se unen a los aristocráticos para enfrentar la

[1] "Calandraca": piojoso (mote aristocrático para los liberales).

sublevación popular. Los altos oligarcas liberales y los "timbucos" conservadores, armados por el mismo interés de clase, coinciden para reprimir a los elementos que ponían en peligro sus "reglas del juego". La clase dominante no podía tolerar otro estallido similar a los de 1811 o 1823 y 24. Y el ciclo parecía volverse a repetir:

> ...Una turba de mujeres del tiangue, fajado su rebozo al cinto con palos y piedras y cuchillos, venían vociferando por las calles. María Lencha, "la celebérrima" que acaudillaba la turba la amenazó... [a la esposa de un aristócrata] [42, p. 157].

El cuartel de Rivas cae en poder de los sublevados. A estas alturas se han sumado al movimiento varios jefes liberales revolucionarios, que acuden de Jinotepa, Masaya y otros pueblos [42, p. 159]. Trinidad Muñoz por los oligarcas de León y Chamorro por los aristocráticos marchan sobre Rivas.

A su paso las tropas de Chamorro van fusilando a los implicados en el movimiento. Es fusilado Mercedes Chano, líder popular de Masaya [42, p. 155].

El movimiento es ahogado en sangre. Después de concertar un armisticio, los rebeldes acuerdan deponer las armas. Chamorro, violando un acuerdo en que se comprometían a respetar la vida de los implicados, ordena el fusilamiento de los principales jefes revolucionarios [42, pp. 157 *ss.*].

> Unas cuantas reses y perros sin dueño vagaban rastreando entre las casas como en busca de sus amos. Fuera de eso no había otras señales de vida [en el barrio de Xalteva] [57 bis, p. 95].

3] EL INDIO EN LA GUERRA NACIONAL ANTIFILIBUSTERA

Como es de sobra conocido, el filibustero norteamericano William Walker llega a Nicaragua con una tropa de aventureros en junio de 1855 con el objeto de inclinar la balanza a favor de una de las facciones, en la guerra que había dado comienzo en el 54. Walker, un perfecto aventurero, se aprovechó de tal insensatez, inclinando el conflicto a su favor y llegando en pocos meses a asumir el cargo de director provisorio de la República, también aprovechándose de otra insensatez —ahora de la responsabilidad de la otra facción beligerante.

Walker rápidamente se hizo dueño de la situación, auxiliado eficazmente por su tropa yanqui, bien disciplinada y mejor armada. Si en este conflicto hubo manifestaciones de estupor, doblez, complicidad ante el audaz y avasallador avance de un enemigo dispuesto a todo, jamás partió del pueblo. Afirmamos que Nicaragua tuvo en su pueblo y en el elemento indígena un riguroso vigilante de su soberanía y altivez frente al invasor norteamericano:

> Los indios de las cañadas de Matagalpa levantaron bandera de rebelión cuando llegó el nuevo prefecto, don José Salinas; y dispuestos a no reconocer su autoridad, abandonaron sus pequeñas fincas y se situaron en las montañas inmediatas. El coronel filibustero Fry salió de Granada con una columna de rifleros para abatirlos [43, p. 132].

Una voz de rebeldía había sonado todavía solitaria en las montañas de Matagalpa. Entretanto, Walker, ensoberbecido entre halagos, amenazas, ostentaciones de fuerza para con las facciones que guerreaban entre sí, comienza a fusilar. La primera víctima: El general Ponciano Corral, que a la postre ostentaba el cargo de ministro de Guerra de la República de Nicaragua [43, pp. 125-132]; era Corral además uno de los principales jefes de la facción que había tomado el nombre de "legitimista" y bandera de lucha del sector aristocrático conservador. Más tarde, en agosto de 56 fusiló a Mariano Salazar, destacado líder de la facción "democrática", nombre de guerra del sector liberal que predominaba en León y en occidente en general.

El 12 de septiembre de 1856, ambas facciones, legitimistas y democráticos, se unen para combatir a Walker, quien entonces ha mejorado el título de director provisorio ¡por el de presidente de Nicaragua!

Este acuerdo entre los partidos beligerantes le puso término a una guerra intestina de la que sólo las fuerzas yanquis extraían buenos réditos. Pero no abrió la Guerra Nacional —quizás le dio un empuje— porque ésta ya había sido iniciada por los elementos populares que en la base —sin obedecer a consignas partidistas— presentaban la lucha al invasor filibustero. No es una casualidad que los pueblos que oponen una resuelta resistencia al invasor y deciden guerrearlo, nos sean familiares por sus tradiciones combativas.

a] *Acoyapa* (Chontales)

En Acoyapa se supo por aquellos días el resultado de las acciones de Santa Rosa y de Rivas y un grupo de patriotas se reunió para asaltar el cuartel... [43, p. 255].

b] *Comalapa* (Chontales)

...hizo su pronunciamiento Comalapa... y como no había elementos para la lucha se resolvió pedirlos... [43, p. 255].

c] *Juigalpa* (Chontales)

En Juigalpa, el capitán Francisco Sacaza reunió una pequeña fuerza... [43, p. 255].

d] *Valle de Matapalo y Yucul* (Matagalpa)

...cerca de Muy-Muy se encontraba el general Fernando Chamorro en compañía de algunos oficiales, retirándose con ellos a la cañada de Yucul donde logró reunir alguna cantidad de gente mal armada [43, p. 256].

Además de los lugares citados se habían organizado focos de rebelión en otros puntos de Matagalpa y Nueva Segovia, donde como sabemos primaba el elemento indígena y campesino. Walker no ignoraba estos movimientos y para sofocarlos destacó dos fuerzas: una formada por soldados escogidos, destinada a Chontales, y la otra una columna de 200 hombres hacia Matagalpa y Nueva Segovia [43, p. 256]. Las partidas de Walker fusilaban en su camino a quienes encontraban comprometidos en los movimientos antifilibusteros [43, pp. 256-259].

Las fuerzas que lucharon contra Walker fueron engrosadas con combatientes de las clases populares y con los naturales, entre los que se destacaron los de las regiones de Pantasma, Muy-Muy, Yucul, con quienes se formó uno de los más aguerridos destacamentos de la lucha antifilibustera: el Ejército del Septentrión [43, pp. 564-565].

Walker, partidario de la esclavitud, tenía una concepción muy especial sobre los indígenas y mestizos, a quienes atribuía todos los males de Nicaragua; en relación con la esclavitud:

> ...tendría en Nicaragua una doble ventaja. A la vez que proporcionaría mano de obra para la agricultura, tendería a separar las razas... [63, p. 253].

> El trabajo de las razas inferiores no puede competir con el de la raza blanca si no se le da un amo blanco para dirigir sus energías y sin la protección que les brinda la esclavitud [63, p. 265].

Sobre la predominancia del aborigen en Nicaragua, se expresaba de manera más radical:

> ...y a destruir los mestizos, causantes del desorden que ha reinado en el país desde la Independencia [63, p. 253].

Las pretensiones de Walker hicieron reaccionar a los otros países de Centroamérica, quienes enviaron cuerpos de ejército para combatir conjuntamente al filibustero. En Nicaragua se combatía a Walker por todo el territorio. Tenía en el pueblo a su peor enemigo; en Ometepe, un ejemplo, según crónica del mismo Walker:

> Subidos a bordo refirieron que los americanos en la isla habían sido atacados la noche anterior por un gran número de indios ...Algunos hombres en estado de usar las armas, i aun algunos oficiales, se habían deshonrado... se fugaron... llegando de este modo la noticia a los Estados Unidos de que todos los habitantes [yanquis] de Ometepe habían sido degollados por los indios [64, pp. 121-122].

Un centenar de indios de Ometepe contra los filibusteros y la impedimenta que allí estaba reunida. Incendiaron además el caserío quitando la techumbre del templo. Las plantaciones que pudieran ser aprovechadas por los filibusteros, fueron también destruidas [43, pp. 476-478].

Tal arrojo y decisión fue la tónica con que las fuerzas nicaragüenses y centroamericanas combatieron a Walker y la pandilla de aventureros que quisieron hacer de Nicaragua un país de reserva esclava agregado por la vía de las peores cadenas del racismo a los estados segregacionistas del sur de Norteamérica:

> A la vez que el decreto de la esclavitud procuraba ligar a los estados del Sur a Nicaragua como si este país fuese uno de ellos... [63, p. 256].[a]

Walker, derrotado por las fuerzas patriotas, intentó en 1857 regresar a Nicaragua con peores propósitos y fue nuevamente rechazado. En 1860, después de ser capturado, se le fusila en Trujillo, Honduras.

[a] Se puede consultar también [53].

VI

LA GUERRA DE LAS COMUNIDADES, 1881

1] GUERRA ANTIOLIGÁRQUICA

Al concluir la guerra antifilibustera, las fuerzas raccionarias predominaron en el poder. Desde 1857, el general conservador Tomás Martínez es el primero de una serie de gobernantes de corte oligárquico que le imprimen a la gestión pública un fuerte sentido paternalista y señorial. En lo económico, las clases reaccionarias consolidan el carácter latifundiario de la tierra y afirman una tendencia a la expansión de la propiedad monopolista que se venía configurando aun antes de liquidarse el colonialismo español.

Diversas leyes de agricultura [35], en especial la promulgada por Pedro Joaquín Chamorro [44 bis, pp.19-20], venían insistiendo en liquidar las tierras de las comunidades indígenas, por mediación de las ventas de ejidos, la demarcación y denuncia particular de tierras indígenas, protección de usurpaciones y demás situaciones de hecho atentatorias contra la propiedad comunal.

Al mismo tiempo, con la introducción del cultivo del café, fue necesario, además de una mayor ampliación y expansión de la frontera territorial del latifundio, la formación de un fuerte núcleo de mano de obra a fin de poder atender a las tareas de recolección y conservación de una empresa agrícola de semejante naturaleza.

Como quiera que esa masiva fuerza de trabajo no estaba ni medianamente constituida en Nicaragua, como lo puede suponer la predominancia hasta entonces de una economía agrícola tradicional, sin nexos con una demanda externa suficiente que pudiera revertirse en el uso de formas racionales de organización y explotación de la tierra, hubo de buscarse maneras de estructurar establemente una capa de asalariados que pudieran atender el ritmo de expansión creciente del cultivo cafatelero. El hecho de que, por otra parte, funcionara como una subestructura alterna una muy ampliada agricultura parcelaria que daba ocupación y subsistencia a una considerable parte de la población del campo, agudizó la contradicción de las clases oligárquicas por hacerse de mano de obra con el grueso que demandaban.

El pago de las deudas en trabajo fue la primera respuesta. El latifundista hacía ciertos adelantos bajo la obligación de ser retribuidos en trabajo y con el respaldo de la fuerza para garantizarlos. A esta medida siguió la del trabajo obligatorio y a las leyes de vagancia que autorizaban a los jueces de agricultura —creados *ad hoc*— a disponer reclutamientos forzosos. Estas medidas marcaron un retorno al trabajo servil, una vuelta al servicio personal de la época colonial, y quizá aún peor. El afectado principal sería el parcelero y entre éstos el parcelero de comunidad. Como las tierras de la comunidad indígena estaban de por medio, también se incluyeron en el programa de liquidación concebido por la oligarquía.

Una ley del año 1881, año en que aconteció la Guerra Olvidada, prescribía la existencia de Jueces Agrícolas que tenían funciones de contratantes "para enganchar operarios y sirvientes voluntarios"... [39, p. 76].

Se sabe con certeza que tales reclutamientos eran, menos que voluntarios, forzosos y que los naturales y campesinos parceleros eran conducidos a las haciendas cafetaleras atados unos tras otros [13].

Por el tiempo en que ocurre la guerra de las comunidades indígenas, se aprovechaban las leyes de ocupación forzada para obligar a los indios, además de las tareas agrícolas, a:

i. Acarrear grandes rollos de alambre para tender el hilo del telégrafo desde Matagalpa hasta Managua (130 km.);
ii. Construir un camino carretero de Matagalpa a León (70-80 km.);
iii. Edificar la Casa Consistorial de Matagalpa;
iv. Servir forzadamente en el ejército [67].

2] ¡MUERA LA GOBIERNA![1]

Los indígenas de Matagalpa respondieron a la presión oligárquica desatando una guerra de enormes proporciones, en la que se llegaron a movilizar más de siete mil combatientes indígenas, quienes libraron numerosos combates en varios puntos del país, extendiéndose hasta El Sauce y León. Las hostilidades tuvieron una duración de más de siete meses y en ellas se calcula que encontraron la muerte millares de indios. Se hace extraordinariamente difícil resumir una gesta clasista de tanta

[1] Consigna indígena de ataque.

envergadura. Presentaremos, por lo tanto, un resumen superficial de los sucesos más notables.

i] El 30 de marzo de 1881, los indígenas desde las cañadas atacan la ciudad de Matagalpa. La lucha se prolonga por espacio de 6 horas, retirándose los indígenas dejando 50 bajas, heridos y prisioneros [18, p. 76].

ii] Los indios se reorganizan en las montañas y en los últimos días de julio realizan incursiones por Sébaco, Terrabona y Esquipulas, donde atacan varias guarniciones provocando bajas [54, p. 15].

iii] El 8 de agosto, en número de tres mil [39, p. 80], rodean la ciudad de Matagalpa, ocupando las alturas. La guarnición del gobierno de Zavala se compone de ciento setenta soldados:

> ...fue cuando el capitán Villalta dijo: Para mañana todos estaremos muertos por la tarde por este hijueputa telégrafo [39, p. 81].

iv] El 9 de agosto los indios caen sobre Matagalpa en un ataque general. El gobierno decreta el estado de emergencia y envía tropas de auxilio desde Managua [54, p. 14]. Los refuerzos son interceptados por un grupo de bloqueo de las fuerzas indígenas que les tienden emboscada en el sitio "Los Portales", pero logran pasar, dejando varios muertos y llevando heridos.

v] El diez de agosto llegan los refuerzos a Matagalpa. Los indios en la ciudad han logrado tomar posiciones y atrincherarse. Se prepara un ataque conjunto contra los sitiadores:

> Hasta las cuatro de la tarde del 10 se luchó en el pueblo. El último baluarte fue una casa situada en el Barrio "La Ronda". Dentro de una casa se refugian 30 indios que se

negaban a entregarse...los que intentaron acercarse, fueron alcanzados por las flechas...La pieza de artillería cañoneó...De los 30 que estaban dentro 22 murieron y los 5 sobrevivientes... obligados a cargar a los heridos hasta el cabildo... Un sargento ebrio de vino... les dio la libertad... No habían caminado 5 metros cuando cayeron abatidos por las balas del militar, quien reía con estruendo... [39, p. 81].

El número de [los atacantes] ha sido de 5 a 7 000... huyen en grupos con dirección a las montañas habiendo dejado no menos de 50 muertos en el primer día y 60 en el segundo [8, p. 246].

Este número de bajas parece ser extremadamente conservador: Salvatierra habla de 400 bajas de los naturales y Miranda Casij:

Más de quinientos indios fueron enterrados en zanjas que se cavaron al otro lado del río [39, p. 82].

vi] Durante el resto del mes de agosto los indios, en su retirada, sostuvieron distintos combates contra las tropas que se destacaron en su persecución: Cacao, Quebrada Honda, "Tijerinos", Guagualí, El Orégano, ¡Yucul!, "Consuelo" [54, p. 7].

vii] Las operaciones indígenas se extienden a varios puntos del Occidente buscando el alzamiento efectivo de todas las comunidades indígenas del país:

a] 5 de sept.	Combate en las alturas de Guasmure [24].
b] 17 de sept.	Toma del pueblo de Telica, Dpto. de León, sosteniendo varios combates con fuerzas del gobierno.
c] 21 de sep.	Se presentan en León, ocu-

pando Subtiava, estableciendo su cuartel general en la iglesia del barrio Laborío [39, pp. 13-5]. El gobierno hace marchar un cuerpo de ejército contra los indios robustecidos por la solidaridad de los subtiavas.

d] 24 de sept. Combate contra fuerzas del gobierno en los alrededores de León.

e] 20 de oct. Un pelotón de indios se enfrenta a tropas del capitán Ortez, en el "Avispero", al norte del país.

f] sept-oct. Entretanto, en Matagalpa, la actitud beligerante de los indios se mantiene durante el mes de septiembre, prolongándose a octubre [54, pp. 13-5].

viii] Las hostilidades fueron decreciendo y la contraofensiva del gobierno oligárquico no se hizo esperar. La pacificación emprendida por el general Miguel Vélez tomó la forma de exterminio generalizado, tan cruel que tuvo que ser removido de su cargo [39, p. 82]. Hasta fines de diciembre de 1881 duró la represión implacable. Los cabecillas que lograron ser capturados fueron fusilados sin fórmula de juicio, entre ellos: Lorenzo Pérez y Toribio Mendoza. El viejo jefe indio Higinio Campos pudo huir, desapareciendo por completo al igual que Santos Martínez, cuyo nombre es todavía recordado por indios y campesinos de Matagalpa y Jinotega. Muchos prefirieron sepultarse de por vida en las montañas o darse muerte ante la alternativa de ser capturados. Salvatierra refiere cómo "un tal García", ante la inminencia de su captura, prefiere arrojarse a un profundo abismo [39, p. 15].

> Eliseo P. Macy, Ambrosio Benítez y Florencio Salgado. El primero fue condenado a diez años de presidio y los dos últimos a la pena capital, habiendo sido ejecutados el 11 del corriente [8, p. 247].

El gobierno oligárquico de Zavala, desde un principio, intentó explicar la rebelión indígena como resultado de instigaciones de algunos curas jesuitas que habían llegado expulsados de Guatemala en septiembre de 1881. A fin de suprimir la supuesta causa que alentaba la guerra indígena, Zavala demagógicamente expidió un decreto de expulsión contra la orden jesuita el 2 de junio de 1881 que fue cumplido. El 25 del mismo mes dio una "amplia e incondicional" amnistía en favor de los responsables del conflicto armado, insistiendo en dar una imagen ilusoria de las verdaderas causas de la guerra, vale decir, como producto de prédicas o de la acción de unos pocos conjurados. Y el colmo de la necedad,

> ...y creo que talvez tenga parte el despecho e irascibilidad de don Benito [Morales], que habrá querido quizás hacer un alarde de fuerza y de prestigio [18, p. 76].[1]

Muy a pesar de la expulsión de los jesuitas, la "amplia e incondicional" amnistía y las picardías de don Benito (Morales), los indios volvieron a sublevarse nuevamente con los efectos y proporciones que hemos anotado. Porque las causas había

[1] Inserta carta del presidente Zavala del 3 de abril de 1881 a Chamorro.

que buscarlas en la opresión oligárquica sobre la tierra y en la servilidad abyecta a que se había reducido al campesinado y al indígena y esto no fácilmente podía (¿o debía?) discernirlo un gobierno que como el de Zavala emergía de la más genuina aristocracia señorial, salvo que estuviese dispuesto —tan improbablemente— a negarse como clase.

La guerra de 1881 ha representado una de las más explosivas reacciones clasistas que ha conocido Nicaragua. Los indios, enteramente solos, se enfrentaron contra la oligarquía y sus poderosos recursos materiales y militares, en los momentos en que quizá ésta era más fuerte. El café, al amparo del latifundismo, constituía una solución que venía a garantizar, en moneda fuerte y estable, el poder y la holgura de las clases dominantes en Nicaragua. La expansión del café podía significar un cambio en el uso pero también en la tenencia de la tierra. Para institucionalizar la explotación cafetalera de corte capitalista y asegurar la continuidad del latifundio, se precisaba destruir los frenos a la expansión territorial de la hacienda y formar el mercado de trabajo, cuanto más barato tanto mejor. Por ello se pasó a liquidar y reducir al mínimo de subsistencia las tierras comunales del indio y se trató de asalariarlo con el uso irrestricto de la ilegalidad reaccionaria y la violencia aristocrática. La guerra de las comunidades fue una respuesta natural gestada por las condiciones materiales de la lucha por la subsistencia. Y otra vez hubieron de replegarse a las montañas. La avalancha oligárquica invadió las tierras tragándolas en gigantescos bocados de miles de hectáreas. Fueron derrotados y se cerraba un ciclo de las contradicciones en una síntesis amarga. Pero como en toda historia se abría un nuevo proceso. La ruptura de la comunidad de tierras produjo la separación del indio de su parcela comunal, y lo arrojó hacia el mercado de trabajo subasalariado, convirtiéndolo en un trabajador agrícola. Se generaba así un nuevo sujeto histórico más apto para derrumbar la arquitectura del sistema de explotación oligárquico.

De lo más oscuro de la contradicción surgía el destello y, para producirlo, hubo de lucharse a través de un proceso de siglos de resistencia y caer, es cierto, pero para levantarse y volver a seguir en pie de lucha. Fue un ejército de campesinos y explotados el que se levantó contra la intervención armada norteamericana en 1912 y 1927. La asombrosa epopeya llevada a cabo por Augusto César Sandino y el Ejército Defensor de la Soberanía Nacional de Nicaragua, centró la atención de la opinión mundial en las selvas de las Segovias, escenario en el que se confrontaron, según opinión de Romain Rolland, dos existencias incompatibles: la del imperialismo avasallador y colonialista frente a la presencia latinoamericana cuyas relaciones futuras con los Estados Unidos, y quien sabe si su existencia misma, se jugaban precisamente en las montañas nicaragüenses.

Decenas de miles de marinos fueron incapaces de doblegar a esos avanzados intérpretes de la liberación continental que, luego de más de mil combates presentados a lo largo de 80 meses de altiva lucha, arrojaron al ejército imperialista para señalar al resto de los pueblos un camino probado para repeler el nuevo colonialismo.

Las raíces de la lucha indígena anticolonial calaron hondo; a la vuelta del tiempo, con el recambio de los opresores, la tradición de combate de los oprimidos se fue también transpolando a través de un relevo constante, progresivo, que crece en amplitud, intensidad y calidad, llenando lo inconcluso, madurando lo nuevo. . .

. . .por eso peleemos contra ellos y trabajemos, si pudiéremos, de los matar y tirar de nosotros tan importable carga, mientras las fuerzas nos ayudaren, porque más vale en la guerra morir peleando, que vivir vida con tantas fatigas, dolores, amarguras y sobresaltos (Cacique Urraca) [34, tomo III, pp. 398-9].

. . .que si ellos deberían morir ahorcados, morirían gustosos con las armas en la mano (consigna popular, 1811) [66, p. 108].

Yo haré con mis fuerzas la resistencia que el caso y la dignidad de Nicaragua, que nosotros representamos, lo requieran. Los reclamos y consecuencias habrán de recaer sobre usted, sus jefes y la poderosa nación a que pertenecen, la tremenda responsabilidad que la historia pondrá a la vista y el eterno reproche de haber empleado sus armas contra el débil que ha estado luchando por conquistar los sagrados privilegios de la Patria. (Gral. Benjamín Zeledón, caído en lucha contra la intervención norteamericana de 1912).

Juro ante la Patria y ante la historia, que mi espada defenderá el decoro nacional y que será la redención para los oprimidos. Acepto la invitación a la lucha y yo mismo la provoco, y al reto del invasor cobarde y de los traidores a mi patria contesto con mi grito de combate, y mi pecho y el de mis soldados formarán murallas donde se lleguen a estrellar las legiones de los enemigos de Nicaragua. Podrá morir el último de mis soldados. . . pero antes, más de un batallón de los vuestros, invasor rubio, habrá mordido el polvo de mis agrestes montañas. (Sandino, Manifiesto de San Albino, 1º de julio de 1927).

Leipzig, febrero 1974

BIBLIOGRAFÍA BÁSICA CITADA

1. Aexquemeling, *Histoire des aventuriers filibustiers* (en especial, tomo I, cap. IIIQ.
2. Álvarez Lejarza, E., Vega Bolaños, A., y Alemán Bolaños, G., *Breve historia de la Mosquitia*, Managua, 1944.
3. Anglería, Pedro Mártir de, *Décadas del Nuevo Mundo*, Porrúa, México, 1944.
4. Archivo General de Costa Rica, Sec. Historia Complementaria, Exp. 5013.
5. Archivo General de Indias, Audiencia de Guatemala, Patronato 26, en [7] y [52].
6. Arellano, Jorge Eduardo, *Granada, llave de Centroamérica, y los piratas*, en *Revista Conservadora*, núm. 77.
7. Ayón, Tomás, *Historia de Nicaragua (desde los tiempos más remotos hasta el año 1852)*, Escuela Profesional de Artes Gráficas, Madrid, 1956, 3 tomos.
8. Buitrago Matus, Nicolás, *León, la sombra de Pedrarias*, en *Revista Conservadora*, núms. 22-45, vols. V-IX [hay edición en volumen separado].
9. Coronel Urtecho, José, *Reflexiones sobre la historia de Nicaragua*, Ed. Hospicio, León, fechas separadas, 2 tomos.
10. Coronel Urtecho, José, *Nuestra economía rural con contenido espiritual*, en *Revista Conservadora*, núm. 82.
11. Cuadra, Pablo A., introducción a *Nueva antología de la poesía nicaragüense*, Ediciones "El Pez y la Serpiente", Managua, 1972.
12. Cuadra, Pablo A., *El nicaragüense*, Ediciones "El Pez y la Serpiente", Managua, 4ª ed., 1971.
13. Chamorro, Emiliano, *Autobiografía*, en *Revista Conservadora*, núms. 1-18, vols. I-IV.
14. Chamorro Zelaya, Pedro Joaquín, *Fruto Chamorro*, Ed. Unión, Managua, 1960.

15. Dávila Bolaños, Alejandro, *Semántica náhuatl*, en *Revista Conservadora*, núm. 74.
16. Diputación provincial de Nicaragua, *Informe al Gobierno de Madrid*, 23 de marzo de 1814, en [52, tomo II].
17. *El Genio de la Libertad*, diario independentista, compilado en 1954.
18. Escobar, E., *Pedro Joaquín Chamorro*, en *Revista Conservadora*, núm. 92.
19. Espino, Fray Fernando, *Reducción de los indios de la Taguzgalpa*, UNAN, León, 1969.
20. Fernández de Oviedo, Gonzalo, *Historia general y natural de las Indias*, en *Revista Conservadora*, núm. 107 (libro IV, 3ª parte del título XLII), con anotaciones de Luis Cuadra Cea.
21. Fonseca, Carlos, *Viva Sandino*, Documentos del Frente Sandinista de Liberación Nacional (FSLN), 3 fascículos.
22. Fuentes y Guzmán, Francisco Antonio de, *Recordación Florida*, Tip. Nacional, Guatemala, 1932, 3 tomos.
23. Furtado, Celso, *La economía latinoamericana desde la Conquista ibérica hasta la Revolución cubana*, Siglo XXI, México, 1971.
24. *Gaceta Oficial*, núm. 41, 5 de septiembre de 1881.
25. Gámez, José Dolores, *Historia de Nicaragua*, Escuela de Artes Gráficas, Madrid, 1955.
26. García Peláez, Francisco de Paula, *Memorias para la historia del Antiguo Reino de Guatemala*, Tip. Nacional, Guatemala, 1943, 3 tomos.
27. Hanke, Lewis, *La lucha por la justicia en la conquista de América*, Sudamericana, Buenos Aires, 1949.
28. Henríquez Ureña, Pedro, *Las corrientes literarias en la América hispánica*, Fondo de Cultura Económica, México, 1965.
29. Herrera, Antonio, *Historia general de los hechos de los castellanos* (en especial, Dec. iii, libro IX).
30. *Informe del Capitán General al Srio. de Estado Español* (30 de enero de 1812), en [68].
31. Juarrós, Domingo, *Compendio de la historia de la ciudad de Guatemala*, Tip. Nacional, Guatemala, 1937.
32. Las Casas, Fray Bartolomé de, *Apologética historia sumaria*, UNAM, México, 1964.
33. Las Casas, Fray Bartolomé de, *Brevísima relación de la*

historia de las Indias, Secretaría de Educación Pública, México, 1945.

34. Las Casas, Fray Bortolomé de, *Historia de las Indias*, Fondo de Cultura Económica, México, 1951, 2 tomos.
35. Lévy, Paul, *Notas geográficas y económicas de la República de Nicaragua*, 1871, en *Revista Conservadora*, núms. 59-62.
36. López de Gómara, F., *Historia general de las Indias*, Iberia, Barcelona, 1954, 2 tomos.
37. Martínez Peláez, Severo, *La patria del criollo*, Universidad de San Carlos, Guatemala, 1970.
38. Marure, Alejandro, *Bosquejo histórico de las revoluciociones en Centroamérica*, Tip. Progreso, Guatemala, 1877, 2 tomos.
39. Miranda Casij, Enrique, *La guerra olvidada*, en *Revista del Pensamiento Centroamericano*, núm. 144, septiembre de 1972.
40. Morel de Santa Cruz, Pedro Agustín, *Visita apostólica, topográfica, histórica y estado de todos los pueblos de Nicaragua y Costa Rica*, 1752, en *Revista Conservadora*, núm. 82.
41. Oficina de Estadística y Censos del Ministerio de Economía, *Informe preliminar del censo nicaragüense de 1971*, Managua, 1972.
42. Ortega Arancibia, Francisco, *Historia de Nicaragua: cuarenta años*, Masaya, 1911.
43. Palma Martínez, Ildefonso, *La Guerra Nacional*, Edición del Centenario, Managua, 1956.
44. Paniagua Rivas, Rafael, *Obra de España...*, en *Revista Conservadora*, núm. 97.

44 bis. Pérez Estrada, Francisco, *Breve historia de la tenencia de la tierra*, en *Revista Conservadora*, núm. 51.

45. Picón Salas, Mariano, *De la Conquista a la Independencia*, Fondo de Cultura Económica, México, 1969.
46. Posada, Fray Francisco de, *Relación geográfica del Partido de Chontales y Sébaco*, en *Revista Conservadora*, núm. 93.
47. *Revista del Archivo Nacional de Costa Rica*, tomo I, citada en [68].
48. Roberts, Orlando, *Memoria de los viajes y excursiones en costa oriental y en el interior de Centroamérica*, 1827, en *Revista Conservadora*, núm. 68.

49. Rodríguez, Antonio, *La explotación de un latifundio de café (Depto. de Jinotepa)*, La Habana, 1971 (inédito).
50. Rodríguez, Antonio, *Sobre los propietarios que colaboran en la lucha (Fasc. I: Felipe Gaitán)*, inédito.
51. Salinas, Juan de, *Informe del 13 de septiembre de 1661*, Archivo de Indias, Audiencia de Guatemala, núm. 665.
52. Salvatierra, Sofonías, *Contribución a la historia de Centroamérica*, Tip. Progreso, Managua, 1936, 2 tomos.
53. Salvatierra, Sofonías, *Máximo Jerez, inmortal (comentario polémico)*, Tip. Progreso, Managua, 1950.
54. Salvatierra, Sofonías. *Hechos e ideas*, Tip. Progreso, Managua, 1948.
55. Séjourné, Laurette, *América Latina. 1: Antiguas culturas precolombinas*, en *Historia Universal Siglo XXI*, vol. 21, Siglo XXI, Madrid, 1971.
56. Selva, Carlos, *Nicaragua, un poco de historia*, escritos periodísticos de 1896, *La Patria*, San José, en *Revista Conservadora*, núm. 80.
57. Selva, Carlos, *El modo de ser político en Nicaragua*, en *Revista Conservadora*, núm. 80.
57 bis. Squier, E. G., *Nicaragua, sus gentes y paisaje 1849-50)*, EDUCA, 1970 (trad. de Luciano Cuadra).
58. Terán, Francisco, *Don Pedro de Alvarado, desafortunado conquistador de Quito*, en *Revista Conservadora*, núm. 62.
59. Urtecho, Isidro, *Informe sobre la situación de los Mosquitos*, 1908, en *Revista Conservadora*, núm. 88.
60. Valdés Oliva, Arturo, *Caminos y luchas por la independencia*, Ministerio de Educación Pública, Guatemala, 1956.
61. Valle, Rafael Heliodoro, *La anexión de Centroamérica a México*, Publicaciones de la Sría. de Relaciones Exteriores, México, 1949, 6 tomos.
62. Villegas, Juan Félix de, *Reducción de los caribes de Matagalpa*, en *Revista Conservadora*, núm. 98.
63. Walker, William, *La Guerra Nacional*, trad. de Ricardo Fernández Guardia, EDUCA, San José de Costa Rica, 1970.
64. Walker, William. *La guerra de Nicaragua*, trad. de F. Carnevallini.

65. *Zavala, Monografía de la familia*, en *Revista Conservadora*, núms. 111-112.
66. Zavala, Adrián, *Informe a la Corona española: sucesos de 1812*, en [65, núm. 111].
67. Zavala, Joaquín, documentos citados en [65, núm. 112].
68. Zavala, Juan de, *Informe al Capitán General de la Audiencia de Guatemala*, en [64].
69. Zelaya Goodman, Chester, *Nicaragua en sus primeros años de vida independiente (1821-1825)*, en *Revista Conservadora*, núm. 54.

impreso en ibermex, s. a.
uxmal 371 letra d – méxico 12, d. f.
dos mil ejemplares
20 de enero de 1976

www.ingramcontent.com/pod-product-compliance
Ingram Content Group UK Ltd.
Pitfield, Milton Keynes, MK11 3LW, UK
UKHW041822200726
13854UKWH00002BA/504